Meine Insel der Stille

Lucy Oliver

Meine Insel der Stille

Selbsterkenntnis und
Selbstbestimmung
durch Meditation

Deutsche Bearbeitung
von *Manfred Miethe*

INTEGRAL
VOLKAR-MAGNUM

Die Deutsche Bibliothek – CIP-Einheitsaufnahme

Oliver, Lucy:
Meine Insel der Stille : Selbsterkenntnis und Selbstbestimmung durch Meditation. /
Lucy Oliver. Dt. Bearb. von Manfred Miethe. – Dt. Erstausg.
– Wessobrunn : Integral. Volkar-Magnum., 1996
(Lebensreiseführer)
Einheitssacht.: The Meditator's Guidebook <dt.>
ISBN 3-89304-141-9
NE: Miethe, Manfred [Bearb.]

– 1. 2. 3. 4. 5. 6. Auflage 1999 1998 1997 1996 –
(Die äußeren Ziffern zeigen Auflage und Auslieferungsjahr an)

Deutsche Erstausgabe – veröffentlicht als *Lebens*Reiseführer
Copyright © 1996 by Integral. Volkar-Magnum. Verlagsgesellschaft mbH.,
Schloßbergstraße 15, D-82405 Wessobrunn
Das Werk einschließlich aller seiner Teile ist urheberrechtlich geschützt.
Alle Rechte, auch die der auszugsweisen Vervielfältigung,
gleich durch welche Medien, vorbehalten.

Published by arrangement with Destiny Books, Rochester, Vermont
Titel der Originalausgabe: The Meditator's Guidebook.
Pathways to Greater Awareness and Creativity
Copyright © 1991 Lucy Oliver

Deutsche Bearbeitung: Manfred Miethe, Freiburg
Übersetzung aus dem Englischen: Mushin Jürgen Schilling, Berlin
Korrekturen: Monika Kaminski, Berlin, und Antje Bommel, München
Umschlaggestaltung: Zembsch' Werkstatt, München
unter Verwendung eines Bildes von Guerrino Boatto
Satz: Vollnhals Fotosatz, Mühlhausen
Druck und Binden: Jos. C. Huber, Dießen
Herstellung: Rainer Höchst, Dießen
Printed in Germany
... **auf chlorfrei gebleichtem Papier**

ISBN 3-89304-**141**-9

Inhalt

Der ungebrochenen Tradition gewidmet,
die als die Brüder und Schwestern
des gewöhnlichen Lebens bekannt ist.

Einleitung

Das Wesen der Meditation

Dieses Buch erforscht die Grundlagen der Meditation. Dabei geht es mir allerdings weder um eine umfassende Übersicht oder einen Vergleich der unterschiedlichen Ansätze, noch sollen hier die Praxis und Ziele einer bestimmten Richtung dargestellt werden. Es handelt sich auch nicht um einen Fernkurs, dessen Anweisungen man nur noch befolgen muß. Vielmehr möchte ich in diesem Buch die inneren Vorgänge unter die Lupe nehmen, die sich in einem Menschen abspielen, der auf der Grundlage einer beliebigen Tradition oder Methode ernsthaft mit der Meditation beginnt. Das Buch soll helfen, diese Entwicklungen besser zu verstehen, und es soll den Horizont des Lesers erweitern. Es möchte außerdem ein Ratgeber sein, den man – auch wenn sich im Laufe der Jahre die Praxis vertieft – gerne wieder zur Hand nimmt, unabhängig davon, welche Meditationsform man praktiziert.

Die Meditation ist so alt wie die Menschheit selbst und entstand gleichzeitig mit der Entwicklung des menschlichen Bewußtseins, obwohl sie damals anders genannt wurde. Wenn man einmal verstanden hat, was Meditation eigentlich ist, dann verbindet uns dieses Wissen mit allen Menschen, die heute meditieren oder in der Vergangenheit meditiert haben. Das nenne ich den Stammbaum der Meditation. Dieses Buch beruft sich auf die Verwandtschaft aller Meditierenden und auf das Wissen und die Fähigkeiten, die jeder der vielen Methoden eigen sind.

Meditation ist ebenso natürlich wie alle anderen menschlichen Aktivitäten. Die meisten Menschen führen ein normales, durchschnittliches Leben und nutzen nur einen Bruchteil des Bewußtseinspotentials, das sie kraft ihrer Zugehörigkeit zum Homo sapiens entfalten könnten. Meditation hilft, dieses Potential zu entwickeln, da sie die Bewußtheit stärkt und damit einhergehend die Kreativität und die Fähigkeit, dem Leben einen Sinn zu geben.

Wahrscheinlich wird jeder Mensch hin und wieder mit den folgenden Fragen konfrontiert: „Wozu leben wir? Woher kommen wir, wohin gehen wir und warum? Was ist der Sinn des Lebens?" Diese Fragen – die sich auf diesem Planeten wohl nur die Angehörigen der menschlichen Spezies stellen – tauchen in uns auf, weil wir uns unser selbst bewußt sind. Außerdem ahnen wir, daß diese Fragen nicht nur tatsächlich beantwortet werden können, sondern auch, daß im Prinzip jeder Mensch die Antwort finden kann. Die verschiedenen Religionen und Mythologien, die vielen Philosophen und Denker haben die Antwort auf diese Fragen zwar auf die unterschiedlichste Weise formuliert, aber ihre Aussagen reichen als Antwort nicht aus. Jeder von uns muß die der jeweiligen Formulierung zugrunde liegende Realität selbst wiederentdecken, und ich bin überzeugt, daß wir dazu in der Lage sind, denn das, was ein Mensch erkannt hat, das kann jeder Mensch erkennen.

Meditation ist ein Prozeß, in dessen Verlauf sich der Meditierende dieses tiefe Wissen wieder aneignen kann, indem er es sich bewußt macht. Vielleicht kann man den Vorgang mit einer Analogie aus der Natur vergleichen: So wie aus einer Knospe eine Blüte wird oder aus einem winzigen Samen ein Baum sprießt, so ermöglicht auch die Meditation Wachstum. Allerdings: Wenn man einen Keim aufschneidet, sieht man in seinem Inneren keinen Miniaturbaum. Wie entsteht dann ein ausgewachsener Baum mit seinem massiven Stamm, den vielen Ästen und Blättern? Der Baum ist im Samen enkodiert; er ist nur ein Potential, das auf die richtigen Umstände wartet, um sich zu entfalten und zu wachsen. Im Menschen bleibt das, was als Potential vorhanden ist, meistens nur Same. Gewöhnlich gestatten die Umstände, unter denen sich die Entwicklung zum Erwachsenen vollzieht, daß sich nur einige wenige Samen entfalten. Der Rest wartet auf Zeiten, die dafür besser geeignet sind.

Die allem Leben zugrundeliegende Einheit, in der wir miteinander verbunden sind, beinhaltet auch, daß der Körper und die Psyche jedes einzelnen Menschen nach denselben Prinzipien aufgebaut sind. Die offensichtlichen Unterschiede entstehen dadurch, daß dieselben Prinzipien jeweils anders angeordnet sind. Da Meditation ein Prozeß und daher von Ideen, Überzeugungen oder Gefühlen unabhängig ist, überbrückt sie diese Unterschiede. Sie wirkt auf die Wurzeln des Wesens ein, die für alle Menschen gleich sind, egal welche Hautfarbe sie haben oder welcher Kultur oder Religion sie angehören. Durch Meditation kann sich im Menschen das entfalten, was sonst lediglich Potential bliebe.

Die Meditation wurde sowohl im Osten als auch im Westen systematisiert und im Rahmen bestimmter Methoden von einer Generation an die nächste weitergegeben. Dabei wurden ihre Ziele und Auswirkungen in die Worte und Begriffe der jeweiligen Kultur oder Religion gekleidet. Daher kommt es uns manchmal so vor, als beschrieben die unterschiedlichen Meditationssysteme völlig unterschiedliche Realitäten. Aber in Wirklichkeit ist das nicht der Fall. Die Beschreibungen, die Wahl der Worte und Sinnbilder unterscheiden sich, aber da sie einen durch und durch menschlichen Prozeß beschreiben, verläuft er ganz zwangsläufig nach einem ähnlichen Muster, egal ob der Übende nun aus dem Osten, Westen, Norden oder Süden stammen mag.

Die Verwirrung angesichts der unterschiedlichen Beschreibungen darf jedoch nicht darüber hinwegtäuschen, worin das Wesen der Meditation eigentlich besteht: in der Entfaltung des menschlichen Potentials. Zu diesem Potential gehört auch das, was seit Anbeginn der Geschichte einen Teil des Mysteriums Mensch ausmacht: das Göttliche.

Dieses Göttliche bildet den Kern jenes Entwicklungsprozesses, den wir Meditation nennen.

Die Herausarbeitung der Essenz

Mit diesem Buch möchte ich den bereits existierenden Beschreibungen nicht noch eine weitere hinzufügen; ich möchte die Leserinnen und Leser vielmehr ermutigen, Meditation selbst zu erfahren und zu erforschen. Dabei möchte ich ihnen Hilfestellung leisten.

Auch die profunden Ziele des meditativen Prozesses lassen sich durchaus in einfache und klare Worte fassen. Letztlich kann jeder Mensch diese Ziele erkennen, egal aus welchem kulturellen oder religiösen Kontext er stammt. Man muß sich selbst lediglich ein wenig zurücknehmen können, damit man das Wesen einer Erfahrung von ihrer speziellen Form unterscheiden kann, in der sie uns begegnet. Durch die sinnliche Erfahrung der großen Tiefe der menschlichen Existenz verschwindet das Problem der sich scheinbar widersprechenden Ideologien und Glaubenssysteme letztendlich ganz von selbst. Was die Methoden und Resultate der Meditation betrifft, stößt man immer wieder auf Aberglauben und unnötig komplizierte Vorstellungen. Wahrscheinlich war es unvermeidlich, daß sich im Laufe der langen Geschichte der Meditation komplexe Darstellungen und Mystifikationen entwickelt haben, hinter denen das Wesen des Prozesses und die den unterschiedlichen Techniken zugrunde liegende Einfachheit oft nicht mehr zu erkennen war. Aber diese Beschreibungen verwirren und entmutigen nicht nur, sie können uns auch in ein Gewirr von Ideen und Theorien verstricken, das uns den Zugang zur unmittelbaren Erfahrung unmöglich macht.

Man kann sich der Meditation auf unterschiedliche Art und Weise nähern und dabei die verschiedensten Techniken anwenden. Ziel dieses Buches ist es, alle bekannten, erprobten Methoden auf ihre Grundprinzipien zurückzuführen, deren Wirkungsweise zu erklären und zu erörtern, welche Konsequenzen sie für unser inneres Wesen und das Leben als Ganzes haben. Bewußtseinszustände, gleich ob sie gewöhnlich oder außergewöhnlich sind, sollten nicht ausschließlich in psychologischen Instituten, Klöstern oder Aschrams untersucht werden. Jeder von uns fängt am gleichen Ausgangspunkt an und arbeitet mit dem gleichen Material. Wir können die Arbeit an uns selbst nicht nur in einem speziell dafür geschaffenen Kontext, sondern ebenso erfolgreich im Rahmen von Beruf und Familie durchführen, wobei die jeweiligen Methoden natürlich auf die besonderen Umstände zugeschnitten sein müssen.

Meditation als Weg

Die Meditation fordert viel von uns: Vertrauen, Durchhaltevermögen, Selbstdisziplin und Mut. Der Lohn hingegen ist ungewiß. Was die Meditation aber nicht von uns fordert, ist eine klare Zielvorstellung. Es ist völlig legitim, mit Meditation zu beginnen, weil man sich damit „etwas Gutes" tun möchte, weil man mehr Ruhe oder inneren Frieden erlangen oder Streß beseitigen will. Und es ist natürlich ebenso legitim, durch Meditation zur Einheit mit dem Göttlichen gelangen zu wollen. Meditation gleicht einer Reise in Bereiche unseres Potentials, die ansonsten unentdeckt bleiben würden. Es ist eine Reise in die Tiefe, die, egal aus welchem Grund man sie ursprünglich einmal angetreten hat, uns immer wieder neue Möglichkeiten eröffnet, sofern man sich ihnen hingibt. Und wenn man einen guten Reiseleiter hat, eröffnet uns die Reise neue Horizonte und erweitert diese wie von selbst. Dadurch ändern sich unterwegs meistens auch die eigenen Ziele und Perspektiven.

Dieses Buch ist als Reisebegleiter gedacht und spiegelt daher die Stationen der Reise wider. Die Kapitel der ersten Hälfte skizzieren die Prinzipien, nach denen man sich die Meditation zu eigen machen kann, und sind sicherlich in jeder Phase nützlich. Die anschließenden Kapitel werden womöglich erst im Laufe der Zeit an Bedeutung gewinnen, wenn der Erfahrungsschatz des Meditierenden gewachsen und er zu einem tieferen Verständnis des Prozesses gelangt ist.

Die Metapher der Reise führt allerdings in die Irre, wenn man meint, man ließe „sich selbst" und sein normales Leben hinter sich zurück und käme „irgendwo anders" an – womöglich als besserer Mensch. Vielmehr

sollte man Meditation als eine Art Entdeckungsreise betrachten, die mitten im alltäglichen Leben, im Büro oder
zu Hause, im Schlafzimmer oder in der Fabrik beginnen
kann und die die äußeren Lebensumstände nicht ändern
wird. Allerdings wird die Meditation das Leben allmählich verwandeln und ihm eine tiefere Bedeutung geben,
so daß aus einem erschöpften, gelangweilten, gefange-
nen oder frustrierten Menschen, der immer nur reagiert,
ein zielgerichteter Mensch mit ungeahnten Energien
und erstaunlichen Fähigkeiten wird. Mit anderen Worten: Am Ende der Reise ist man wieder dort angelangt,
wo man sie begonnen hat, und ist immer noch der
Mensch, der man immer war. Nur hat merkwürdiger-
weise das ganze Leben eine neue Bedeutung erhalten.

Die menschliche Struktur

Die Kapitel dieses Buches zeichnen nicht nur die verschiedenen Phasen der Reise nach, sie spiegeln auch die
menschliche Struktur wider. Jeder Mensch erschafft die
Welt, in der er lebt. Diese Welt ist das Resultat zahlloser
kleiner und großer Entscheidungen („Wohin will ich?
Was möchte ich?"), die man seit seiner Geburt getroffen
hat; sie ist eine eigene Schöpfung, die im wesentlichen
alle drei für den Menschen charakteristischen Aspekte
reflektiert.
   Zunächst einmal sind wir alle körperliche Wesen. Wir
handeln durch einen Körper, der seine eigenen Stärken
und Schwächen, seine besonderen Bedürfnisse und
Fähigkeiten hat. Darüber hinaus sind wir emotionale
Wesen, deren Energieniveau mit dem An- und Ab-
schwellen von Gefühlseindrücken und Sinnesreizen

steigt und fällt. Wir müssen Gefühle wahrnehmen und ausdrücken, die den Großteil unserer Handlungen und Wertvorstellungen bestimmen – egal ob wir uns dessen bewußt sind oder nicht. Und nicht zuletzt sind wir denkende Wesen; wir können Dinge logisch überprüfen und Zusammenhänge und Konsequenzen erkennen. Alle Menschen brauchen eine Begriffsstruktur, durch die sie ihren Erfahrungen einen Sinn geben können und mit deren Hilfe sie das persönliche Universum, in dem sie leben, ordnen und strukturieren können.

Unsere physische Struktur steht „fest", wenn der Körper ausgewachsen und auf dem Höhepunkt seiner Fähigkeiten angekommen ist. Strukturell wird sich an ihr im großen und ganzen nichts mehr ändern. Die Gefühle sind zumeist bereits im jungen Erwachsenenalter fast vollständig strukturiert, und auch die grundlegenden Denk- und Verhaltensmuster liegen kurze Zeit später fest. Nach diesem Zeitpunkt ändern sich diese beiden psychischen Strukturen lediglich noch in Einzelheiten, das Gesamtgefüge ändert sich aber nicht mehr.

Wenn diese Strukturen erst einmal gefestigt sind, diktieren sie aufgrund ihrer Trägheit, daß jede neue Erfahrung in die bereits vorhandene individuelle Struktur eingeordnet wird. Diese kann zwar möglicherweise neue Informationen aufnehmen und seine Grenzen oder sein Spektrum erweitern, aber die faktischen Prinzipien, durch die sie zusammengehalten wird und die ihre Identität formt, ändern sich kaum, ausgenommen durch schwere Traumata oder langwieriges Training. So führt zum Beispiel ein Unfall, der mit dem Verlust von Gliedmaßen oder des Augenlichts einhergeht, nicht nur notgedrungen zu einer körperlichen Umstrukturierung, sondern auch bis zu einem gewissen Grad zu einer Neuordnung mentaler Prozesse, da nun neue Körperbewegungen erlernt oder die verbliebenen Sinnesorgane geschärft werden müssen, um den eingetretenen Verlust wettzumachen. Darüber hinaus muß aber auch die Gefühlswelt neu geordnet werden, damit man die Veränderungen ohne Bitterkeit und Verzweiflung akzeptieren lernt. Und schließlich wird die Art, das Leben zu sehen, durch ein solches Ereignis und seine Folgen ebenfalls erschüttert, was dazu führt, daß man vieles, was bisher als selbstverständlich vorausgesetzt wurde, neu überdenken muß.

Das alles könnte man als den positiven Aspekt von Leiden und Verlust betrachten. Es gibt sogar Menschen, die später dankbar sind, daß ihnen so etwas zugestoßen ist. Sie haben zwar etwas Kostbares verloren, aber durch die tiefgreifende Umstrukturierung ein reicheres Leben und neue Fähigkeiten in sich entdeckt und entwickelt.

Entscheidende psychologische Veränderungen können nicht aufgrund von neuen Ideen oder allein durch das Verlangen nach Veränderung stattfinden, weil uns ein Großteil unserer inneren Struktur unbewußt ist. Wenn es sich nicht gerade um die Folgen eines dramatischen Schocks handelt – im positiven oder negativen Sinne –, so erfordert eine derartig komplexe innere Umstrukturierung einen graduellen Schulungsprozeß auf der Grundlage einer umfassenden Kenntnis des Bewußtseins.

Es ist unvermeidlich, daß sich in der Jugend eine „private Welt" herauskristallisiert. Aber in dieser Welt ist man auch gefangen. Die weitere Entwicklung hängt oft davon ab, wie weit ihre Grenzen gesteckt sind. Meditation ist ein Prozeß, der die drei Existenzebenen allmählich umstrukturiert und alle ihre Potentiale erschließt und erweitert, so daß der Meditierende zu einem neuen Wesen in einem neuen Universum werden kann.

Die ersten drei Kapitel dieses Buches spiegeln die drei Ebenen der Struktur des Menschen wider. Das erste Kapitel befaßt sich mit dem physischen Aspekt der meditativen Disziplin, und zwar sowohl bezüglich des Körpers als auch hinsichtlich der Umgebung. Das zweite Kapitel untersucht die Art und Weise, wie die Meditation das Gefühlsleben beeinflußt. Das dritte Kapitel befaßt sich mit der von der Meditation auf Dauer herbeigeführten geistigen Umstrukturierung.

Um das Höchste zu werden, was ein Mensch sein kann, muß man alle drei Aspekte entwickeln. Das kann man nicht allein durch gedankliche Vorstellungen, egal wie subtil oder leidenschaftlich man sie auch verfolgen mag. Dieses Buch kann jedoch wie alle Bücher nur Ideen zum Thema beitragen, Gedanken, die nur dann Wirklichkeit werden können, wenn sie der sinnlichen Meditationserfahrung Bedeutung geben und sie unterstützen.

Es ist nicht unbedingt hilfreich, sich zu viele Gedanken über Meditation zu machen. Es ist meine Hoffnung, daß der Versuch, das Wesentliche dieser Kunst herauszuarbeiten, in der Praxis eher hilfreich als hinderlich wirkt. Ich möchte mit diesem Buch nämlich keine neuen Dogmen in die Welt setzen. Nur anhand Ihrer praktischen Erfahrung wird sich sein Wert einschätzen und sein Inhalt verifizieren lassen. Und das kann jeder von Ihnen, denn ganz gleich, wieviel Sie bisher gelernt haben: Sie sind auf jeden Fall fähig, sich die Weisheit der Meditation anzueignen.

Der Beginn der Reise

Am Anfang herrscht Chaos, und Wasser bedeckt das Land. Viele Wesen leben glücklich in diesem inneren Meer, werden getragen von dieser oder jener Aufgabe, verfolgen dieses oder jenes Ziel. Andere ertrinken in ihren Gefühlen oder in Sinnlosigkeit. Wieder andere bauen sich komplizierte Flöße aus Verpflichtungen und Konzepten, die so lange stabil scheinen, bis plötzlich wie aus dem Nichts eine riesige Welle auftaucht, die die Gebilde in tausend kleine Stücke zerschlagen.

Sobald aber etwas Stabiles und Klares entsteht – wie vage es zunächst auch aussehen mag –, ist Wandel möglich. Ein Stern wird sichtbar, hell und dauerhaft. Zuerst entdeckt man vielleicht nur seine verschwommene Reflexion im Wasser und ahnt so, daß es ihn überhaupt gibt. Und dann signalisiert er nach und nach nicht nur Dauerhaftigkeit, sondern kündet auch von anderen Welten und Galaxien unentdeckter Erfahrungen; er läßt Unermeßliches und ungekannte Energien, das Mysterium und die Macht der Existenz erahnen.

Hat man den Stern erst einmal gesehen, kann die Reise beginnen. Er fungiert als Fixpunkt und erinnert uns an unser höchstes Streben; er weist uns die Richtung und bietet uns Orientierung. Als nächstes brauchen wir ein Boot; etwas, mit dem wir vorankommen können. Meditation ist ein solches Boot.

Haben wir die Reise erst einmal begonnen, kann sie an unzähligen Orten enden. Mancher findet schon bald eine Insel, auf der es ruhig und friedlich ist, und wird sich frohen Mutes dort niederlassen. Andere entdecken eine Inselgruppe voller neuer Lebensformen und interessanter Potentiale und lassen sich auf einer der Inseln nieder. Wieder andere sind erst zufrieden, wenn sie einen Kontinent erreichen, der ihnen riesig, reich und unendlich vielfältig scheint. Dann sind ihre Erwartungen erfüllt; nun haben sie endlich die ersehnte weite Aussicht auf das Leben und das Universum. Aber nur wenige werden, nachdem sie im Laufe ihrer Reisen das eine oder andere Land besucht und dort ihre Erfahrungen gesammelt haben, weiterfahren in die Nacht. Das stolze Prunkschiff, mit dem sie einst die Reise antraten, ist zu einem kleinen Ruderboot geschrumpft und wird von einem stillen, fernen Stern geleitet.

Von diesen wenigen werden einige staunend den unendlichen Raum betrachten und – ausgestattet mit dem Wissen, das man aus seiner Beobachtung gewinnen kann – die Reise für beendet erklären.

Andere werden die Sterne bewundern und das gesamte Leben in ihnen widergespiegelt sehen.

Und wieder andere werden den Stern, die Unermeßlichkeit und sich selbst als Einheit sehen und damit verschmelzen.

Und von diesen werden nur einige wenige – sehr wenige – ihre Ruder weglegen und den Sprung wagen.

1
Meditation
und die menschliche Natur

Die meisten Menschen haben irgendwann im Leben schon einmal eine Ahnung davon erhalten, was Meditation sein kann. Meditation ist zwar mehr als ruhiges Nachdenken, sie ist aber auch kein schwieriges Unterfangen, dem sich nur spirituelle Fanatiker widmen, die auf der Suche nach übermenschlichen Eigenschaften oder Bewußtseinszuständen sind, die man sich mittels komplizierter Techniken mühsam erarbeiten muß, auch wenn Berichte über „kosmisches Bewußtsein" oder ähnlich erhabene Zustände in der einschlägigen Literatur diese Vermutung nahelegen. Meditation ist aber auch keine Entspannungstechnik oder Therapie, die körperliches oder seelisches Leiden lindern kann.

Spontane Meditation

Meditation entsteht von selbst, wenn die entsprechenden Bedingungen gegeben sind. Deshalb streben manche Menschen immer wieder solche Umstände an, ohne jedoch zu wissen, warum sie dies tun. Charakteristisch für diese Umstände ist die stetige Wiederholung einer bestimmten Erfahrung. So kann man sich leicht vorstellen, daß unsere Vorfahren ums Feuer herum saßen und in die züngelnden Flammen blickten, deren Form zwar immer ziemlich gleich bleibt, sich aber dennoch fortwährend wandelt. Ist das Auge erst einmal vom Feuer gebannt, verstummen die Worte, und man versinkt in Träumereien. Ab und zu verschwinden selbst die umherschweifenden Gedanken, und es herrscht nur noch Stille – allein die tanzenden Flammen bleiben. Wenn das geschieht, beginnt Meditation.

Dasselbe kann aber auch geschehen, wenn man am Flußrand hockt und dem wirbelnden Wasser und den Wellen nachblickt oder den Blättern, die ins Blickfeld eintreten und wieder aus ihm verschwinden. Wer an einem Wasserfall sitzt, für den hat das stete Fallen des Wassers und das Rauschen wahrscheinlich den gleichen Effekt. Wenn die Aufmerksamkeit von einem angenehmen, sanften Geräusch, das zwar scheinbar immer gleich bleibt, sich jedoch dauernd auf subtile Weise ändert, eingefangen wird, führt das ebenso zu meditativen Bewußtseinszuständen wie bestimmte Musikformen. Kompositionen aus dem östlichen Kulturkreis oder Gregorianische Gesänge eignen sich dafür besonders, denn diese Art der dahinfließenden Musik, die weder Anfang, Mitte noch Ende hat, klingt für den entspannt und aufmerksam lauschenden Menschen immer wieder ganz neu. Musik dieser Art lullt nicht im herkömmlichen Sinn ein; man döst auch nicht vor sich hin und hat keine Gefühle im gewöhnlichen Sinne des Wortes. Im Gegensatz dazu kann Musik, die die Gefühle anspricht, zwar vorübergehend starke Energieschübe und erhabene Gefühle hervorrufen, aber nicht zur Meditation führen.

Auch rhythmische Bewegungen können einen Menschen in einen Zustand spontaner Meditation versetzen. Schwingen oder Schaukeln – sei es im Schaukelstuhl oder beim rhythmischen Vor und Zurück des jüdischen Gebets – sind instinktive Handlungen, die sehr leicht zu meditativen Zuständen führen. Dies geschieht auch beim

Gehen. Viele begeisterte Wanderer oder Spaziergänger kennen den Zustand, der sich nach Stunden einsamen Gehens dann einstellt, wenn das geistige Selbstgespräch endlich verstummt ist und das stetige Stapfen der Füße in innerer Stille ertönt. Dabei sind alle Sinne hellwach, und selbst der Ruf eines Vogels erhält in der Stille eine geheimnisvolle Bedeutung. Man hat das Gefühl, als habe alles einen tieferen Sinn, der zum Greifen nah ist. Denkt man allerdings darüber nach, so taucht sofort wieder das vertraute Selbst auf; der normale Denkprozeß setzt wieder ein, und plötzlich hat man Hunger, ist todmüde oder freut sich darauf, bald sein Ziel zu erreichen.

Aber in jener kurzen Zeitspanne, in der das eigene „Ich" anscheinend nicht mehr und statt dessen nur noch die Welt vorhanden war, wurde etwas in uns genährt, wurde ein namenloser Teil des Selbst auf eine Weise erneuert, die den Tag mit Sinn und auch mit ein wenig Glanz erfüllte. Das „Ich" war zwar während dieses Prozesses vorhanden, fungierte jedoch lediglich als objektiver Beobachter, war Teil des Wahrgenommenen und dennoch davon getrennt. Das ganze Spektakel der Persönlichkeit und die eigene Sicht der Dinge, die sich normalerweise zwischen denjenigen, der sieht, und das, was gesehen wird, drängt, war irgendwie verschwunden. Auf einmal nahm ein tieferes „Ich" wahr, das von der Persönlichkeit getrennt existiert – und Essenz erblickte Essenz.

Der Mechanismus

Bestimmte äußere und innere Bedingungen erleichtern diese Momente spontaner Meditation. Der Körper folgt dann meist nicht seinem normalen Verhaltensmuster, sondern ist entweder müde oder sehr entspannt. So kann ein ruhiger Atemrhythmus entstehen, der wiederum zu ausgeglichenen Gefühlen führt und einen harmonischen und empfänglichen Geisteszustand hervorruft. Hinzu kommt meist noch ein stetig wiederkehrender Reiz, mit dem man dem kontinuierlichen mentalen Geschwätz assoziativer Gedanken und Gefühle ausweicht, die den unkonzentrierten Geist normalerweise beschäftigen. Dieses innere Selbstgespräch stellt ein Hindernis dar, das nicht leicht zu bewältigen ist. Jeder, der einmal versucht hat, sich innerlich leer zu machen, entdeckt schon bald, daß es unmöglich ist, das mentale Geschwätz zu stoppen. Es scheint, als führte es ein Eigenleben und hätte eine eigene Energiequelle, und je mehr man versucht, es zu unterdrücken, desto aktiver wird es. Es hat den Anschein, als würde man es durch den Versuch nur noch verstärken. Wenn Sie es noch nicht probiert haben, sollten Sie es ruhig einmal versuchen.

Man muß das Problem daher eher indirekt und sehr geschickt angehen. Diese selbständig operierende, mentale Aktivität verkümmert nämlich, wenn man ihr die Energie entzieht. Und Energie folgt der Aufmerksamkeit. Verbindet man die bewußte Aufmerksamkeit mit einem sanften, wiederkehrenden Reiz und hält sich an ihm fest, so lenkt man seine Energie dorthin, was dazu führt, daß der assoziativen Maschinerie der nötige Treibstoff entzogen wird. Dann kehrt Stille in uns ein. Es ist, als öffnete man sich einer ganz anderen Dimension der Erfahrung.

Diese Stille – der innere Raum – und eine beständige, wache Aufmerksamkeit ermöglichen ein bewußtes Sein, das von dem uns vertrauten, geschäftigen Verstand normalerweise übertönt wird. In der Stille ist man gesammelt, wachsam und offen. Innen- und Außenwelt sehen jetzt ganz anders aus, denn man nimmt sie auf völlig andere Art und Weise wahr. Das hat allerdings überhaupt nichts mit Wirklichkeitsverlust zu tun. Die innere Klarheit und die Fähigkeit, die Aufmerksamkeit auf etwas zu richten, wird verstärkt, was allerdings nicht gleichbedeutend mit Konzentration ist, die ja ausschließlich auf ein bestimmtes Objekt gerichtet ist und daher die Bewußtheit in gewisser Hinsicht einschränkt. Die meditative Bewußtheit hingegen ist weit, ruhig und kraftvoll. Sie ist nicht auf ein bestimmtes Objekt gerichtet, sondern ist vielmehr die Form, die die Substanz des Geistes annimmt. Wenn das Organ, mit dem wir das Universum erkennen, diese Form angenommen hat, dann ist es nicht mehr dasselbe Universum, in dem wir normalerweise leben und das wir für „Wirklichkeit" halten. Wirklichkeit ist meist nur ein Name für das, was wir bereits eingeordnet und mit einem Etikett versehen haben. Sie verändert sich, wenn sich die Kriterien ändern, anhand derer wir unsere Erfahrungen einordnen und strukturieren.

Fast jeder Mensch macht wahrscheinlich in der einen oder anderen Lebensphase Erfahrungen spontaner Meditation, auch wenn sie nicht so stark sein mögen wie die in der einschlägigen Literatur beschriebenen mystischen Erfahrungen. Es kann sich um einen schnell wieder in Vergessenheit geratenen Moment handeln, um einen ganz kurzen Augenblick – wie der zwischen dem Ein- und dem Ausatmen –, in dem die Welt plötzlich ganz anders aussieht, in dem sich ein tiefer Frieden herabsenkt oder alles stillzustehen scheint, in dem alles ungewöhnlich klar, transparent und von Sinn erfüllt ist. Bei manchen Menschen verändern solche Momente das ganze Leben, selbst dann, wenn sie nie wieder versuchen, diesen Moment herbeizuführen, weil sie ohnehin nicht wüßten, wie sie dies anstellen sollten. Andere Menschen bringen solche Momente mit der von ihnen praktizierten Religion in Verbindung und erfahren somit eine Stärkung ihres Glaubens. Wieder andere vergessen diese Augenblicke ganz schnell, da sie ihnen zu eigenartig und zu flüchtig, zu fremd und zu unangenehm sind.

Manche Menschen wiederum geben sich die größte Mühe, erneut die Bedingungen herbeizuführen, unter denen sich ein solcher Moment ereignet hat. Es kann sich dabei um eine sexuelle Erfahrung handeln oder um das Erklimmen eines Berges, um Forschungsreisen oder Erlebnisse in der Wildnis, um Sport, um Autorennen oder um den Testflug in einem Düsenjäger. Die extremen Umstände, denen Menschen in derartig herausfordernden, gefährlichen oder emotional geladenen Aktivitäten ausgesetzt sind, unterlaufen unsere normalen Funktionsweisen, die uns für gewöhnlich von der ganzen Bandbreite möglichen Erlebens abschirmen. Solche Situationen verdrängen vorübergehend die Persönlichkeit und bringen uns an die äußerste Grenze unseres Selbst, an den Rand unseres Durchhaltevermögens oder sogar an die Schwelle des Todes, wo plötzlich etwas anderes das Ruder übernimmt. Viele gut dokumentierte Untersuchungen berichten von einem unerwarteten Gefühl der Macht, von neuer Energie, vom Eintreten in eine Dimension von Klarheit und Wissen, in der man sich völlig unbeschwert und frei fühlt. Dies sind Hinweise auf ein unendliches Potential voller Freude, Frieden und einem Gefühl unendlicher Lebendigkeit. Wer solche Zustände einmal bewußt erlebt hat, mißt ihnen einen enormen Wert bei, und die Sehnsucht danach rechtfertigt jede Mühe, die es kostet, sie wieder und immer wieder zu erleben. Diese Suche kann zum prägenden Grundmotiv im Leben eines Menschen werden, neben dem alle andere Aktivitäten zweitrangig werden.

Die meditative Erfahrung aufrechterhalten

Derartige Erfahrungen ereignen sich also aufgrund zufälliger Bedingungen, können aber auch willentlich herbeigeführt werden. Das normale innere Gleichgewicht tendiert jetzt in eine Richtung, in der sich neue Wahrnehmungsfähigkeiten entwickeln können. Diesen Mechanismus werde ich in Kapitel 3 näher unter die Lupe nehmen.

Gleichwohl führen Erfahrungen spontaner Meditation zu wichtigen Fragen. Müssen sie so kurz sein? In welchem Ausmaß sind diese bedeutsamen Zustände von äußeren Umständen abhängig? Sind Momente, in denen es uns vorkommt, als würde ein Vorhang zur Seite gezogen, als löse sich eine dunkle Wolke auf oder als falle uns eine schwere Last von den Schultern, als hätte man ein schweres Gewand oder eine ganze Reihe Schleier abgelegt, ihrem Wesen nach zwangsläufig flüchtig? Ereignen sie sich nur, wenn die entsprechenden Bedingungen zufällig eintreten, oder können sie willentlich hervorgerufen werden? Wenn solche Erfahrungen tatsächlich so selten geschehen und so schwierig zu erreichen sind, dann wären sie für einen gewöhnlichen Menschen, der ein normales Leben führt, ziemlich bedeutungslos. Handelt es sich bei ihnen etwa um einen angenehmen, aber eigentlich unwichtigen Luxus für die Psyche? Haben sie nur für Menschen, die sie mit aller Macht anstreben, eine tiefere Bedeutung?

Kämen solche Bewußtseinszustände nur unter extremen Umständen zustande oder wären sie derart flüchtig, daß sie keinen Einfluß auf das normale Leben hätten, dann wären sie für die Lebensgestaltung tatsächlich bedeutungslos. Wäre dies der Regelfall, sollte man Zustände erweiterten Bewußtseins mit Recht als überflüssigen Luxus betrachten.

Es sprechen jedoch zwei Anhaltspunkte dafür, daß sie weit tiefer im Wesen des Menschen verankert sind, als man vielleicht zunächst vermutet. Erstens braucht man seinen Körper nicht bis an die äußerste Belastbarkeitsgrenze zu drängen oder mit dem Tod zu spielen, um einen Zustand der Klarheit, der Kraft und der erweiterten Wahrnehmung herbeizuführen. Man kann das gleiche Ergebnis auf sehr viel einfachere Art und Weise erreichen, die von äußeren Bedingungen unabhängig und überdies dauerhafter ist. Ich spreche von der Kunst der Meditation.

Meditation ist aber nicht nur eine Kunst, sondern auch eine systematische Methode, durch die man dem normalen Leben eine Dimension hinzufügt, die zwar zu unserem Potential gehört, aber für gewöhnlich unbewußt bleibt und sich meistens nur flüchtig und unbeständig einstellt. Durch Meditation lassen sich eine andere Sichtweise und ihre Auswirkungen – beispielsweise erhöhte Energie und Klarheit – viel länger aufrechterhalten, und im Laufe der Zeit wird diese Sichtweise für uns eher gewöhnlich statt außergewöhnlich werden. Man braucht dann keine extremen Situationen und keine ausgefallenen Umstände mehr. Und man benötigt auch keine besondere Persönlichkeitsstruktur, weder Geschicklichkeit noch Klugheit – die einzigen Voraussetzungen sind die feste Absicht und der Wille.

Um zu begreifen, daß es sich tatsächlich um einen bereits vorhandenen, tief in uns verankerten Impuls handelt, brauchen wir das Phänomen nur von einer anderen Perspektive aus zu betrachten. Ein Überblick über den gesamten Bereich zeigt, daß bei außergewöhnlich erweiterten Bewußtseinszuständen nicht der Inhalt wichtig ist, sondern die Tatsache, daß sie sich überhaupt ereignen. Solche Zustände können überall und jederzeit auftreten, und wenn man auch noch die flüchtigsten unter ihnen zum Spektrum der „Erleuchtungszustände" zählt, dann erfährt wahrscheinlich jeder Mensch auf dieser Welt irgendwann einmal etwas Derartiges. Rechnet man alle Fragmente, auch völlig isoliert voneinander auftretende Erscheinungen, zusammen, dann sagt dieses Phänomen eindeutig etwas über den normalen Zustand der Menschheit aus. Insgesamt betrachtet spielt sich nämlich ein Großteil unserer normalen Aktivitäten in diesem „erleuchteten" Modus ab. So gesehen handelt es sich also nicht um etwas Besonderes, jenseits der normalen menschlichen Aktivität Liegendes, sondern um etwas, das mit Sicherheit zum Wesen des Menschen gehört. Wichtig ist dabei vor allem, daß Menschen offensichtlich tatsächlich fähig sind, ihre Muster zu verändern und die Welt und sich selbst von einer ganz neuen Warte aus zu betrachten. Dann lernen sie eine ganz andere Welt kennen als die, in der sie gewohnheitsmäßig leben. Und das wiederum sagt etwas über das Wesen der Welt aus.

Instinkt und Meditation

Die alle Lebewesen motivierenden Triebkräfte sind instinktiver Natur und haben vor allem das Überleben des Einzelnen und der Art zum Ziel. Was eine Gattung zum Überleben braucht, kann nicht geändert werden, weil es genetisch vorprogrammiert ist. Es bestimmt somit das individuelle Verhalten zwingend. Bei Lebewesen, die sich wie der Homo sapiens ihrer selbst bewußt sind und deren Handlungsspielraum größer ist als der für das physische Überleben unerläßliche (Nahrung, Schlaf und Fortpflanzung), wirken die instinktiven Impulse zwar überwiegend unbewußt, aber dennoch sind sie unabänderlich. Man mag sich der Tatsache nicht bewußt sein, daß man einem urzeitlichen Arterhaltungstrieb gehorcht, wenn man eine Beziehung sucht, die uns „erfüllt", aber die Zwanghaftigkeit der Suche ist ein guter Hinweis dafür, daß ihr die mächtige Triebkraft des Instinkts zugrunde liegt.

Kein Mensch kann sich dem Drang entziehen, Nahrung und Obdach zu suchen und sich fortzupflanzen. Da wir uns jedoch unserer selbst bewußt sein können, spielt bei uns ein weiterer Faktor eine ganz wesentliche Rolle: die Entscheidungskraft. Durch sie haben wir eine ganze Reihe von Möglichkeiten, unsere instinktiven Impulse in die gewünschten Bahnen zu lenken. Außerdem können wir auch die Form und Ebene unseres Bewußtseins wählen und über unser Handeln oder Verhalten entscheiden. Deshalb fällt es nicht immer leicht, instinktive Triebe als solche zu erkennen. Sie manifestieren sich zum Beispiel als Bedürfnis nach Sicherheit, nach einem eigenen Haus, nach Geliebten und Kindern oder auch als Wunsch, als berühmter oder kreativer Mensch etwas

Bedeutendes in die Welt zu bringen. Im Grunde sind das alles Ausdrucksformen menschlicher Triebe, und ganz gleich, ob wir es uns eingestehen oder nicht, sie haben doch jeden von uns zu den Umständen geführt, in denen wir uns heute befinden.

Normalerweise gestehen wir uns diese Tatsachen nicht ein und sind uns daher der Antriebskräfte, die uns motivieren, nicht bewußt. Wahrscheinlich sind diese Triebe so tief im Unbewußten verankert, damit wir mit unserem Bewußtsein nicht an ihnen herumpfuschen können und so das Überleben unserer Spezies gefährden. Instinkte lassen sich lediglich kanalisieren, aber nicht eliminieren.

Die konstruktive Rolle unserer unbewußten Triebe beschränkt sich allerdings nicht nur auf die Erhaltung der Art, sondern schließt auch den sparsamen Umgang mit unseren inneren Ressourcen mit ein. Wenn wir etwa zum Laufen Bewußtheit bräuchten, kämen wir kaum jemals irgendwo hin, und außerdem könnten wir nebenbei kaum noch etwas anderes tun, weil unser Bewußtsein ausschließlich mit dem Laufvorgang beschäftigt wäre.

Die instinktiven Triebkräfte eines Organismus, der mit einem Bewußtsein seiner selbst ausgestattet ist, gehen natürlich weit über die einer Bakterie oder eines Säugetiers hinaus. Was wir Instinkt nennen, könnte man auch als eingebautes Programm betrachten. Dieses Programm steuert unsere grundlegenden Eigenschaften, so daß das Wesen des individuellen Organismus und der gesamten Gattung verwirklicht werden kann. Beim Menschen ist der innere Antrieb zu intellektueller und gefühlsmäßiger Erfüllung ebenso instinktiv wie der, dank dem wir uns über den ganzen Planeten verbreitet haben. Und damit

wir auch weiterhin erfolgreich überleben und uns fort-
pflanzen, müssen unsere natürlichen Triebe auf allen
Ebenen zur Geltung kommen. Bisher waren wir eine
äußerst erfolgreiche Spezies, aber falls wir nicht das Opfer äußerer Umstände – beispielsweise genügend Raum
zum Leben – werden wollen, müssen wir unsere Fähigkeit vervollkommnen, Situationen so zu verändern, daß
wir auch in Zukunft überleben werden und uns weiterentwickeln können.

Der Name „Homo sapiens" weist auf einen für die
menschliche Rasse charakteristischen Trieb hin, der uns
von allen anderen Lebewesen auf der Erde unterscheidet. „Sapiens" ist vom lateinischen Wort *sapientia* abge-
leitet, was soviel wie Unterscheidungsvermögen, Weisheit, Urteilsfähigkeit bedeutet. Das entsprechende Verb
lautet *sapere* und bedeutet „weise sein", aber auch
„schmecken". In der Wurzel des Wortes finden wir also
schon einen Hinweis auf das Wesen der Weisheit: Sie
kann geschmeckt werden. Von den fünf Sinnen unseres
Körpers ist nur der Geschmackssinn daran beteiligt, eine
Substanz umzuwandeln, denn was wir essen, wird durch
Fusion unwiderruflich Teil unserer Körpersubstanz. Das
Schmecken ist die Grundvoraussetzung für eine Umwandlung, durch die Wachstum möglich wird.

Aus dem Gesagten geht hervor, wie sehr die Fähigkeit,
weise zu sein, die Gattung Mensch von den anderen Lebensformen dieses Planeten unterscheidet, und es zeigt
auf, was das Essen von Nahrung auch ist, nämlich die
Umwandlung in einen Bestandteil unseres Selbst und in
Wachstum. Essen nährt das ganze Wesen, und Wachstum bezieht sich nicht auf den physischen Körper allein.
Im Individuum und in der Spezies existiert ein Trieb, die
Einschränkungen des gegenwärtigen Zustands und der

vorhandenen Umstände – gleich, welche es gerade sein mögen – zu überwinden und innerlich zu wachsen. Darin liegt die Verheißung unseres weiteren Überlebens. Voraussetzung dafür ist aber, daß wir Einschränkungen auch tatsächlich überwinden, wenn sie auftauchen. Weisheit überwindet Grenzen und erweitert das Wissen, indem es das Erkannte dem eigenen Wesen einverleibt: unseren Einstellungen, unserem Verhalten und unserer Vorstellung von Wirklichkeit. Es macht einen Unterschied, lediglich über Schönheit oder Liebe nachzudenken oder sie wahrhaftig zu „schmecken" oder sie gar zu einem Teil von sich zu machen, sie sich einzuverleiben.

Diese Verbindung zwischen Weisheit und Nahrung weist auf eine wesentliche und einzigartige Eigenschaft des Menschen hin, nämlich auf die Fähigkeit, sich selbst zu transformieren. Es ist für uns notwendig, ständig neues Terrain zu betreten und die daraus resultierenden Erfahrungen als Grundstoff für die Transformation zu verwenden.

Die Funktion der Meditation besteht darin, als Katalysator für diese Transformation und die Entwicklung all jener Aspekte unseres Menschseins zu dienen, die über die Anforderungen rein körperlicher Gesundheit und ausschließlich physischen Wachstums hinausgehen. Dabei darf man natürlich den entscheidenden Unterschied zwischen Meditation und dem Lesen spiritueller Bücher, die sich mit diesem wichtigen Bereich befassen, nicht vergessen. Das erste unterscheidet sich vom zweiten wie der Genuß eines opulenten Menüs vom Lesen zahlloser Kochbücher. Und auch wenn Meditation anfangs vielleicht eher dem Knabbern an ein paar Reiskörnern ähnelt als dem Verspeisen einer üppigen Mahlzeit, so reichen schon ein paar Körner täglich, um den inneren

Menschen zu ernähren und ihn allmählich an reichhaltigere Kost zu gewöhnen.

Die Rolle der Entscheidungskraft

Der Bewußtseinszustand, den wir Meditation nennen, gehört zum Menschen wie jeder andere Zustand auch, nur kommt er nicht so oft vor. Der Begriff „Zustand" bezieht sich hier und in der Folge immer auf die physische und psychische Gesamtverfassung eines Organismus zu einem gegebenen Zeitpunkt. Andere Zustände sind uns viel vertrauter: Zustände der Aggression, der Leidenschaft, der Freude, der Angst, der Frustration, der intellektuellen Erregung und so weiter. Die Fähigkeit, all diese Zustände zu erleben, ist tief in dem vielschichtigen Wesen, das wir Mensch nennen, verankert. Aber niemand ist von „Natur" aus gezwungen, sich einem dieser Zustände hinzugeben, obwohl sie alle Ausdruck der vielfältigen menschlichen Möglichkeiten sind und die gegenteilige Überzeugung weit verbreitet ist.

So mag der Zustand der Wut zwar bestimmte Handlungen erklären, da diese aber keine zwangsläufige Folge dieses Zustandes sind, kann er nicht als Entschuldigung für sie dienen. Es fällt leichter, zu verstehen, daß auf die gleiche Weise niemand gezwungen ist, bestimmte Aspekte seiner grundlegenden genetischen oder erlernten Komponenten zu entwickeln. Die persönlichen Neigungen, die Talente, die das Verhalten prägenden frühkindlichen Erfahrungen gehören alle zu unserem Arbeitsmaterial. Jeder macht daraus, was er will. Wichtigstes Merkmal eines sich selbst bewußten Wesens ist die unausweichliche Fähigkeit, Entscheidungen zu treffen.

Durch die Entscheidungen, die man seit frühester Kindheit getroffen hat, überwiegen gewisse Zustände, und das Leben hat eine bestimmte Richtung genommen. So können sich Aggressionen beispielsweise sowohl als gesunder Ehrgeiz als auch als Gewalttätigkeit manifestieren; Angst läßt sich in Vorsicht und Geschicklichkeit verwandeln, kann aber auch zur Zwangsjacke oder zum Gefängnis werden; Momente der Freude können ein motiviertes Streben oder eine umfassende Suche stimulieren, sie können aber auch in den sentimentalen Sumpf der ewigen Verheißung eines unbestimmten privaten Glücks führen. Jede persönliche Eigenschaft, gleich, ob sie durch Gene oder durch die Umstände geformt wurde, ob sie natürlich oder anerzogen ist, kann – je nachdem, was wir aus ihr machen – zu einer positiven oder negativen Kraft werden. Das Element der Entscheidung – die Verantwortung dafür, sich selbst zu dem gemacht zu haben, was man ist – ist der Kern unseres kreativen Potentials. Man kann es daher schon fast als Verbrechen gegen die Menschheit bezeichnen, dieser kreativen Rolle nicht gerecht zu werden, indem man sich selbst und andere Menschen als „Opfer" der Umstände, der Erziehung, der Gesellschaft oder anderer äußerer Faktoren betrachtet. Man kann die angeborenen Charakterzüge (sofern man sie als solche erkennen kann) als Material sehen, mit dem man arbeiten kann, statt sie als Zwangsjacke zu betrachten, aus der es kein Entkommen gibt.

So wie man beim Umgang mit den angeborenen Charakterzügen und den genetisch bedingten und anerzogenen Bedürfnissen und Reaktionsmustern eine Wahl hat, so kann auch der Wunsch nach Meditation auf unterschiedliche Weise erfüllt werden. Man kann ihn rundweg abweisen, bis zu einem gewissen Maß anerkennen oder akzeptieren und entwickeln. Die uns innewohnenden Triebkräfte sind ihrer Natur nach einfach, unsere Reaktionen auf sie jedoch äußerst vielschichtig. Nicht jeder Mensch entscheidet sich dafür, sein gesamtes Potential zu erforschen.

Der kreative Impuls

Menschen jeder Kultur und aller Zeiten verspürten diesen der Meditation zugrundeliegenden Drang, auch wenn er oft unterschiedlich stark ausgeprägt ist. Deshalb kreieren Menschen sich beispielsweise Religionen – von Stammesritualen bis hin zu den Zeremonien der großen Staatsreligionen – und bringen so zum Ausdruck, daß sie eine höhere Dimension des Lebens anerkennen und daß diese eine größere Bedeutung hat und tiefer geht als materieller Wohlstand. Die Religionen sollen den Menschen an diese Dimension erinnern, die man „göttlich" nennen kann. Und wenn diese kreative Dimension durch einen Gott oder Götter personifiziert worden ist, dann gehört es zu den wesentlichen Aufgaben der Religion, eine Beziehung zur Gottheit zu ermöglichen.

Der Kern jeder Religion besteht jedoch aus ihren Meditationstechniken; aus Methoden, die es ermöglichen sollen, den Kontakt zum Göttlichen aufrechtzuerhalten und die Beziehung zu ihm zu vertiefen.

Die Menschen eines jeden Zeitalters haben sich danach gesehnt, das Leben intensiver auszukosten, nicht nur, indem sie immer mehr Erfahrungen gesammelt haben, sondern auch, indem sie danach strebten, ihr Leben zu vertiefen und ihm mehr Bedeutung abzugewinnen. In Religion, Philosophie, Wissenschaft und Kunst kommt eine kreative Energie zum Ausdruck, deren Maß ihre Tiefe ist. Oftmals wird das Anhäufen vieler Erfahrungen als Tiefe mißverstanden. Jede Form der Beschäftigung – gleich ob es sich um Reisen oder um sexuelle Beziehungen, Kunst oder wissenschaftliche Forschung handelt – kann die Gefühle stimulieren, und viele Menschen streben danach, Bedeutung und Sinn durch eine Sättigung mit solchen Reizen zu finden.

Bestrebungen dieser Art fördern jedoch nicht unbedingt die Veränderung des Bewußtseins, durch die Bedeutung und Sinn begriffen werden können. Wasser wird sich niemals von selbst in Wein verwandeln. Dazu ist ein Katalysator nötig. Die Meditation ist solch ein Katalysator. Er transformiert die Substanz des Lebens und leitet damit das Wachstum hin zum ganzen Menschen ein.

2
Grundlagen der Meditation

Die Meditationspraxis läßt sich anhand von drei wesentlichen Merkmalen unterscheiden.

Zunächst einmal gibt es Methoden, die auf Beobachtung beruhen. Ihr Ziel ist es, das Objekt der Meditation äußerst aufmerksam zu beobachten. Eine weit verbreitete Übung befaßt sich mit der Beobachtung des Atems: das Einatmen und Ausatmen, die Länge der Atemzüge, die dabei auftretenden Veränderungen, die Beziehung zwischen Atem und Körper,. zwischen Atem und Geist und so weiter. Je feiner die Beobachtung wird, desto tiefer wird die Einsicht, die zur eigentlichen Meditation führt.

Andere Meditationstechniken nutzen Bewegungsabläufe, zum Beispiel langsames Gehen oder rituelles Tanzen und gewisse den Kampfkünsten entlehnte Bewegungsfolgen. Im allgemeinen werden alle Bewegungen sehr langsam ausgeführt, was jene Beobachtungsqualität fördert, die zum meditativen Zustand führt. Eine weitere Meditationsform befaßt sich mit der Beobachtung mentaler Prozesse. Wesentlich für all diese Techniken ist eine Form der Beobachtung, die nicht in das Beobachtete eingreift.

Eine weitere Kategorie der Meditation legt vor allem Wert auf die Konzentration und hat das Ziel, dem Verstand auf diese Weise zu einer gewissen Beständigkeit zu verhelfen. Dabei stellt man sich zum Beispiel so lange ein Bild oder ein Symbol vor, bis man diese Vorstellung mühelos im Geist halten kann. Das führt zu einer „Verwirklichung" des Objekts (es wird wirklich), was allerdings nur dann gelingt, wenn man seinen Geist still halten kann. Außerdem gehören Meditationsmethoden, die sich bestimmten Konzepten widmen – beispielsweise dem Mitgefühl oder Aspekten des Göttlichen – in diese Kategorie.

Zur dritten Gruppe gehören Meditationsformen, die sich mit dem Willen und mit willentlicher Wiederholung befassen. Das klassische Beispiel dafür ist das beständige Wiederholen eines bestimmten Lautes oder Satzes, aber auch das Wiederholen gewisser Handlungen gehört dazu. Der Laut, der Satz oder die Handlung muß dabei allerdings ziemlich einfach sein, damit man sie ohne Probleme andauernd wiederholen kann, bis man sich der ihr zugrundeliegenden Wirklichkeit bewußt wird.

Effektive Meditationsmethoden zeichnen sich dadurch aus, daß sie alle drei Elemente – Beobachtung, Konzentration und Willen – enthalten. Wenn man sie also einer bestimmten Kategorie zuordnet, heißt das nicht, daß sie deshalb keine Elemente der anderen aufweisen.

Oft wird noch eine weitere Kategorie der Meditation aufgeführt, obwohl es sich bei dieser strenggenommen lediglich um ein nützliches Attribut der Meditation handelt. Es geht dabei um den Fluß von Energie im Körper, um das Wecken und Beherrschen bestimmter Energien und die Aktivierung gewisser Zentren, auch „Chakren" genannt, die sich an bestimmten Körperstellen befinden. In diesen Meditationsübungen spielt oftmals die Atembeherrschung eine große Rolle. Die drei weiter oben genannten Meditationsformen führen jedoch meist ganz natürlich zu einem Wahrnehmen dieser Energien.

Einige Mißverständnisse

Es gibt einige Aktivitäten im Umfeld der Meditation, die „Meditation" genannt oder als solche betrachtet werden. Das verleitet jedoch dazu, wichtige Unterschiede im Bereich der psychologischen Arbeit zu verwischen. In diesem Buch gehe ich davon aus, daß jede Methode, deren Ziel nicht die Erweiterung des Bewußtseins ist, auch nicht Meditation genannt werden kann. So bedeutet es beispielsweise nicht unbedingt, daß das Bewußtsein erweitert wird, wenn man das Energieniveau des Körpers anhebt.

Trance, Ekstase, Schamanismus

Diese Techniken nutzen meist einen ständig wiederholten Reiz, um die normalen mentalen Funktionsweisen außer Kraft zu setzen und vorübergehend Zugang zu gewissen Sinnzusammenhängen oder Kräften zu bekommen, die gewöhnlich unter der Oberfläche verborgen sind. Oft wird dabei so lange rhythmisch getrommelt und getanzt, bis sich ein außergewöhnlicher Zustand einstellt. Dieser übernimmt die Kontrolle über das Bewußtsein, und unbewußtes Material dringt an die Oberfläche. Allerdings ist es hinterher oft schwierig, sich an das Geschehene zu erinnern. Im Gegensatz zur Meditation läßt man jegliche Kontrolle über das Bewußtsein fahren, um die durch den Rhythmus – der sexueller Natur ist – entfesselten, mächtigen Kräfte zu nutzen.

Von den zahllosen natürlichen Rhythmen des Körpers ist der sexuelle nicht nur der offensichtlichste, sondern auch der am einfachsten zu weckende. Die sichtbarste

Wirkung dieser Techniken ist eine Zunahme der verfügbaren Energie. Erlaubt man es dieser nicht, sich zu entladen, und beherrscht man sie auf disziplinierte Weise, so baut sie sich immer weiter auf. Im Grunde hat eine Trance das Ziel, einen Zustand hoher Energie zu erzeugen, der für bestimmte Zwecke wie Heilung, schamanische Reisen oder Ekstase verwendet wird.

Hypnose

Nicht nur Phänomene wie Hypnose oder Selbsthypnose sind außerordentliche Beweise für die Macht unseres persönlichen Weltbildes. Auch außergewöhnliche Leistungen wie das Feuerlaufen, das Liegen auf einem Nagelbrett oder das Durchstechen der Wangen in ekstatischen Zuständen, ohne daß dabei Blut fließt, sprechen Bände. Unsere Erwartungen legen fest, was wir in der Welt für möglich halten. Sie rufen sogar körperliche Reaktionen hervor. Wenn sich unsere Erwartungen verändern, sind erstaunliche Dinge möglich. Es scheint fast so, als existiere neben dem gewöhnlichen noch ein anderes Universum, in dem andere Regeln herrschen. Wir leben in dem Universum, in dem wir leben wollen.

Dennoch erweitern außergewöhnliche Leistungen des Willens das Bewußtsein nicht – gleich, ob sie aus eigenem Antrieb oder unter dem Einfluß eines Hypnotiseurs geschehen. Heldentaten dieser Art können zwar durchaus wertvoll sein, weil sie unser Weltbild erschüttern und uns möglicherweise zwingen, bisher nicht in Frage gestellte Annahmen über die Natur der Wirklichkeit neu zu überdenken. Aber es handelt sich hier lediglich um spezifische und begrenzte Programmierungen des Unbewußten durch gewisse bewußte Willensanstrengungen. Anhaltende Veränderungen entstehen jedoch nur aus einer Umstrukturierung des unbewußten Fundamentes unserer Weltsicht.

Visualisierung

Zu einer weiteren Kategorie, die häufig der Meditation zugerechnet wird, gehören die verschiedenen Formen der Visualisierung. Einige Methoden der Psychoanalyse und bestimmte Methoden innerer Schulung verwenden Formen geführter Imagination. So geht der Sehende in einem entspannten Zustand „auf eine Reise", und die Einzelheiten der Reise offenbaren ihm Dinge, die im Rahmen der Visualisierung von Bedeutung sind. Bei dieser Methode wird die assoziative Kraft des Geistes genutzt, und es wird innerhalb eines erweiterten Kontexts frei assoziiert. Solange man sich in diesem Zustand befindet, hat man einen erweiterten Zugang zum Bewußtsein. Die dabei auftauchenden Vorstellungen sind zwar bedeutungsvoll, aber nur wichtig, solange die jeweilige Interpretation das innere Wachstum fördert.

Durch Visualisierung werden tiefere Bedeutungsebenen als die für gewöhnlich zugänglichen wahrnehmbar. Die Kraft und die Einsichten, die uns durch große Kunstwerke vermittelt werden, sprudeln aus einer ähnlichen Quelle. Ein inspiriertes Sehen dieser Art kann man aber bestenfalls mit dem Aufstoßen einer Tür vergleichen, die sich ganz schnell wieder schließt. Zwar ist etwas Kraftvolles oder Bedeutsames „durchgekommen", das durchaus einen gewissen Einfluß auf das alltägliche Bewußtsein ausüben kann, aber ohne eine dauerhafte Umstrukturierung der Psyche bleibt die Tür nicht offen, und die Wirkung bleibt begrenzt.

Betrachtung

Betrachtung, die oft Meditation genannt wird, findet statt, wenn man sich spontan oder auch regelmäßig Zeit nimmt, über den Tag, sein Leben und das eigene Handeln nachzusinnen; wenn man versucht, die Dinge in die richtige Perspektive zu bringen und sich auf die wesentlichen Werte besinnt, insbesondere dann, wenn bestimmte Umstände den Seelenfrieden gefährden. Das ist durchaus gesund und hilfreich. Menschen, die inmitten des täglichen Trubels ruhig und entspannt sind, verdanken diese Fähigkeit meist der Tatsache, daß sie sich Zeit zum Nachsinnen nehmen. Dabei ist es unbedeutend, ob sie das spontan tun oder ob sie sich dies angewöhnt haben. Obwohl innere Ruhe auch für die Meditation eine wesentliche Voraussetzung ist, ist Betrachtung an sich aber noch keine Meditation.

Persönlichkeitsmerkmale

Wenn Betrachtung bereits für Meditation gehalten wird, darf es uns nicht wundern, daß Menschen mit einer natürlichen Neigung zum Grübeln oder Nachsinnen sich nicht weiter mit Meditation befassen, da sie glauben, bereits zu meditieren. Menschen mit der gegensätzlichen Neigung meinen vielleicht, sie seien gar nicht zur Meditation fähig, da sie glauben, man müßte dazu von vornherein einen ruhigen, introvertierten Charakter haben. „Ich kann ganz bestimmt nicht meditieren;

dazu bin ich einfach nicht ruhig genug", meinen sie. Oder „Ich kann einfach nicht lange genug stillsitzen".

Man kann zwar die Fähigkeit zur Betrachtung mit bestimmten Charakterzügen in Verbindung bringen, aber das gilt auf keinen Fall für die Meditation. Es gibt nämlich keine charakterlichen Voraussetzungen, die man dafür mitbringen müßte. Man muß weder einen bestimmten Charakter haben noch die natürliche Fähigkeit, stillzusitzen oder sich zu konzentrieren. Diese Fähigkeiten sind meist die Folge und nicht die Ursache von Meditation.

Meditation geht weit über das ruhigste, angenehmste Nachsinnen hinaus. Mehr noch, sie gehört einer völlig anderen Kategorie an, und ein zerstreuter Mensch ist ein ebenso guter Kandidat dafür wie das berühmte „stille Wasser". Meist hat ersterer es sogar viel leichter, da er nicht so viele vorgefaßte Ideen und introvertierte Neigungen hat, die ein Hindernis sein können, und außerdem sind diese Menschen eher bereit, sich einer strengen Disziplin zu unterwerfen.

Meditation ist ein Akt des Willens und nicht der Laune. Darauf kann man nicht oft genug hinweisen. Es bedarf lediglich der Entscheidung, zu meditieren, es lange genug auszuprobieren und den Anweisungen genau zu folgen. Wahre Meditation ist eine Angelegenheit des Willens. Sie steht jedem offen, der einen geeigneten Lehrer finden kann.

Körper und Geist

Der Atem verbindet den Körper mit dem Geist. Bei Atemübungen benötigt man wegen der möglichen Gefahren allerdings eine qualifizierte Anleitung. Wenn man den Atem beeinflußt, führt das zu Veränderungen des inneren Zustandes, weil der Atem unmittelbar mit dem Bewußtseinszustand und mit dem energetischen Gleichgewicht verknüpft ist.

Eines der wichtigsten Prinzipien der Meditation ist jedoch, daß man die vielfältigen Beziehungen zwischen Körper und Geist am besten durch die Beobachtung des Atems erforscht. Die verschiedenen Geisteszustände haben alle auch eine körperliche Komponente – zum Beispiel elektrochemische Wechselwirkungen –, und wenn sich ein Bewußtseinszustand ändert, geht das mit einer anderen Art der Atmung einher. Das ist bei einem Schock besonders deutlich zu erkennen, bei dem sich der Atemrhythmus schlagartig ändert. Auch bei Angstanfällen oder Panikattacken atmet man viel schneller und flacher. Je entspannter man ist, desto tiefer und langsamer atmet man; Verspannung raubt uns den Atem. Der Atem weist sehr genau auf den gegenwärtigen Zustand des Organismus hin. Es gibt in Wirklichkeit keinen „normalen Atem", denn der Atem folgt immer dem Bewußtseinszustand.

Das gilt auch umgekehrt, denn indem man den Atemrhythmus ändert, kann man auch seinen Bewußtseinszustand ändern. Manche Meditationstechniken nutzen dieses Prinzip, um einen ruhigen Bewußtseinszustand herbeizuführen. Da ein ruhiger Geist tief und langsam atmet, braucht man den Körper lediglich durch bewußtes Atmen in diesen Zustand zu versetzen, und schon paßt sich der Geist an.

Je subtiler die Geisteszustände sind, desto subtiler wird auch der Atem. Das kann so weit gehen, daß man ihn fast nicht mehr fühlt oder sieht. Wenn ein Körper optimal funktioniert und ganz ruhig ist, braucht er nur ganz wenig Luft, um diesen Zustand aufrechtzuerhalten. Der Psyche geht es ebenso. Diese Form der Atmung während der Meditation wird bisweilen „Atemstillstand" oder „pränatale Atmung" genannt. Diese Art zu atmen ist – außer unter Meditationsschülern – fast unbekannt, aber alle effektiven Meditationstechniken führen letztlich zu diesem Zustand, auch wenn der Atem weder absichtlich kontrolliert noch beobachtet wird. Dieser subtile Atem ist ein Indiz für eine äußerst subtile Wahrnehmung.

Meditation und Physiologie

Alle psychischen Zustände sind eng mit den Reaktionen des Körpers und seinen elektrochemischen Abläufen verknüpft. Meditation wird manchmal für eine Therapieform oder Entspannungsübung gehalten, weil durch sie ähnliche Resultate erreicht werden. Aber Meditation ist kein komplizierter, traditioneller Weg zu körperlicher Gesundheit, wie manch ein moderner „Entmystifizierer" behauptet. Regelmäßiges Meditieren führt zwar auch zu guten, gesunden Angewohnheiten, da diese für eine erfolgreiche Meditationspraxis notwendig sind, aber es handelt sich dabei lediglich um die Anfänge, die Voraussetzung für die Meditationspraxis, aber nicht ihr Ziel sind.

Es ist natürlich an sich schon hilfreich, sich täglich eine Zeitlang vom Alltagsstreß und der normalen Geschäftigkeit zu erholen und sich eine Ruhepause zu gönnen. Darüber hinaus bewirkt Meditation auch Verbesserungen der Körperhaltung, da man sich verspannter Muskeln leichter bewußt wird und lernt, sie zu entspannen. Und weil innerlicher Streß sich immer durch Verspannungen in bestimmten Körperteilen äußert, ist eine zunehmende Aufmerksamkeit für verspannte Bereiche und deren Entspannung ein erster Schritt, auch psychische Spannungen zu erkennen und aufzulösen.

Meditation kann das allgemeine Streßniveau effektiv reduzieren, weil die wachsende Achtsamkeit dem Körper hilft und den geistigen Horizont erweitert, und weil das Leben von einer neuen Warte aus wahrgenommen wird. Dadurch wird die Gesundheit verbessert, und die Abwehrkräfte gegen Krankheiten werden gestärkt. Diese Auswirkungen sind schon mehrfach durch wissenschaftliche Untersuchungen und Statistiken untermauert worden und in einschlägigen Werken leicht zu finden. Die Forscher haben Veränderungen der Hirnwellenfrequenz gemessen (bei Meditation treten vermehrt Alphawellen auf, die auf einen entspannten, ruhigen und wachen Zustand hinweisen), einen stärkeren Hautwiderstand (ein gutes Indiz für allgemeine Gesundheit), einen langsameren Herzrhythmus und eine Senkung des Blutdrucks, der auch über die Zeit der eigentlichen Meditationsübungen hinaus andauert.

Natürlich geben solche Untersuchungen keinen Aufschluß über das Wesen der Meditation; dennoch weisen sie für Menschen, die noch keine große Erfahrung damit haben, darauf hin, daß es sich bei der Meditation um einen ungewöhnlichen Zustand handelt, der einen positiven Einfluß auf den ganzen Körper hat. Außerdem beweisen sie, daß man den Körper willentlich beeinflussen kann, was wiederum wesentliche Folgen für unser Verständnis der Körper-Geist-Beziehung nach sich ziehen dürfte.

Die chemischen Grundlagen von Streß

Die einfachste Voraussetzung für erfolgreiches Meditieren ist ein ruhiger und ausgeglichener Geist. Wenn der Geist ruhig wird, beruhigt das natürlich auch den Körper, was wiederum zu einem Rückgang der Hormone führt, die der Körper unter Streß produziert. Durch Meditation lernt man, innere Zustände zu beherrschen, statt von ihnen beherrscht zu werden, so daß man letztlich lernt, seine innere Verfassung je nach Bedarf zu ändern. So kann man sich beispielsweise in Wut hineinsteigern, wenn man das für angebracht hält, kann diese Energie aber, sobald sie nicht mehr gebraucht wird, in Wärme oder Gelächter oder Ruhe umwandeln, so daß keine Reste von Bosheit oder Erregung übrigbleiben, die uns weiter beeinflussen könnten. Die von der Wut erzeugten chemischen Stoffe im Körper werden restlos aufgelöst. Eine derartige Beherrschung verhindert keineswegs Spontaneität, sondern ermöglicht lediglich, daß man dann beherrscht sein kann, wenn man es wünscht.

Man könnte „Willen" als die Fähigkeit eines Individuums definieren, die jeweiligen persönlich relevanten inneren und äußeren Ereignisse zu beeinflussen (siehe auch Kapitel 6, in dem das Wesen des Willens eingehend erörtert wird). Die Rolle des Willens bei der Bestimmung innerer Zustände wirft ein interessantes Licht auf die Frage, ob Hormone die individuelle Verantwortung beeinflussen beziehungsweise Verhalten verursachen oder ob sie es lediglich artikulieren.

Hormone sind „chemische Botenstoffe". Ein Bote überbringt Informationen, ist aber nicht deren Absender. Die beiden an diesem Spiel beteiligten Parteien sind Geist/Psyche mit dem dazugehörigen Willen und der

Körper mit seinen Funktionen. Informationen können von einer der beiden Parteien ausgesandt werden und die jeweils andere beeinflussen. Gefühlsregungen entstehen maßgeblich im Bereich der Psyche, und der Körper reagiert dementsprechend. Bei der Menstruation oder der Geburt eines Kindes hingegen führen die körperlichen Veränderungen zur Produktion von Hormonen und beeinflussen damit ihrerseits die Psyche.

An dieser Stelle möchte ich betonen, daß die Hormone an sich keine Eigenverantwortung tragen und daß die Beziehung von Körper und Geist auf Gegenseitigkeit beruht. Im Bereich des Geistigen ist nichts unabänderlich festgelegt, man hat immer die Wahl. Und auch wenn der Körper die chemische Aktivität verursacht, entscheidet immer noch das Bewußtsein des Einzelnen über die psychischen Konsequenzen und darüber, wie er sich äußert oder verhält. So kann man vielleicht nicht immer klar zwischen hormoneller Aktivität und charakterlicher Unbeständigkeit unterscheiden, aber die entsprechenden Empfindungen und ihr Ausdruck finden im Rahmen eines größeren Zusammenhangs statt, der von der Psyche und der Lebenserfahrung des Individuums bestimmt wird. Ob und auf welche Weise man sich beherrscht, obliegt dem Bewußtsein.

Energie

Nahrung ist die Hauptenergiequelle des Organismus, der sie in die für Wachstum, Überleben und alle Aktivitäten benötigte Energie umwandelt. Auch der „psychische Körper" braucht Nahrung, die aus den kontinuierlich aus der Außenwelt auf uns einströmenden Eindrücken besteht. Diese Eindrücke beeinflussen die Gefühle ganz unmittelbar und beeinträchtigen unsere Grundstimmung. So versetzen ein grauer Himmel und Regen uns in eine völlig andere Stimmung als ein strahlend blauer Himmel und ein mildes Klima. Und Stimmungen, die bereits aus solch unbeeinflußbaren und ständig gegenwärtigen Faktoren wie dem Wetter entstanden sind, bestimmen ihrerseits unsere Handlungen und Gedanken. Depressionen beispielsweise sind faktisch gleichbedeutend mit Interesse- und Energielosigkeit.

Meditation befähigt uns, die Energie aus physischen Quellen besser umzuwandeln, und stellt uns außerdem noch zusätzlich Energie zur Verfügung, die uns aus der verfeinerten und erweiterten Nutzbarmachung psychischer Energiequellen erwächst.

Obwohl wir es hier mit einem ziemlich komplizierten Thema zu tun haben – Energie ist schließlich kein „Ding", – so lassen sich dennoch einige allgemeine Prinzipien herausarbeiten, nach denen Meditation uns zusätzliche Energie zur Verfügung stellt.

Eine wachsende Achtsamkeit und die gesteigerte Wahrnehmungsfähigkeit ermöglichen das Aufnehmen immer feinerer Eindrücke, was wiederum die Nahrung ist, die wir für die Entwicklung der Psyche benötigen. Die Beherrschung der Gefühle und damit einhergehend die emotionale Stabilität; die Fähigkeit, sich nicht mit vorübergehenden Stimmungen zu identifizieren und sich auf eine innere Quelle der Kraft zu beziehen, optimieren die Art und Weise, wie man Energie nutzt. Die Verringerung von Streß ist ein weiterer Faktor, da Angstzustände und Muskelverspannungen auch Formen der Energieverschwendung sind. Je weniger Energie man auf

Meine Insel der Stille

diese Art nutzlos verbraucht, desto mehr hat man für andere Dinge übrig, beispielsweise für die Meditation. Ein gute Körperhaltung erleichtert den „Energiefluß" oder „Energiekreislauf" im Körper. Verspannte Körperteile beeinträchtigen diesen Fluß, da die Energie an diesen Stellen blockiert ist. Eine ständig in Falten gelegte Stirn, chronisch verspannte Schultern oder Magenkrämpfe sind körperliche Manifestationen psychischer Probleme. Wenn man diese Problembereiche im Körper erkennt und den „Knoten" löst, läßt sich die Situation auch psychologisch leichter entwirren.

Ein frei zirkulierender Energiekreislauf und damit eine optimale Nutzung der Energie ist für eine erfolgreiche Meditationspraxis von großer Bedeutung und wirkt sich auf das gesamte Leben aus.

Drogen und Meditation

Der Zweck der Meditation ist die dauerhafte Erweiterung des Bewußtseins auf natürliche Weise. Daher steht jede Abhängigkeit von chemischen Substanzen den Zielen der Meditation im Wege. Der Körper ist durchaus in der Lage, jene Substanzen zu produzieren, die zu den körperlichen Grundlagen geistiger Zustände gehören. Das Wachstum des Bewußtseins wird nicht dadurch gefördert, daß man sich von äußeren Quellen abhängig macht.

Die Drogenabhängigkeit hat sowohl psychologische als auch körperliche Aspekte, und solange die Ursachen, die zur Abhängigkeit oder Gewöhnung geführt haben, noch eine Rolle spielen, kann man kaum jene Willenskraft aufbringen, die für eine erfolgreiche Meditationspraxis notwendig ist. Auch für Beruhigungs- und Schmerzmittel gilt das allgemeine Prinzip, daß alles, was die Aufmerksamkeit ablenkt oder die subtile Konzentrationsfähigkeit schwächt, die Meditation schwierig, wenn nicht gar unmöglich macht.

Der wiederholte Gebrauch solcher Drogen, aber auch der von halluzinogenen Substanzen führt schließlich sogar dazu, daß der Körper überhaupt nicht mehr in der Lage ist, zu meditieren. Bewußtseinsverändernde Drogen stimulieren die Produktion bestimmter, für eine Bewußtseinserweiterung nötige Botenstoffe auf künstliche Weise.

Inzwischen ist relativ gut dokumentiert, was geschieht, wenn die Produktion bestimmter Hormone oder chemischer Stoffe künstlich stimuliert wird. Der Körper hört nach und nach auf, diese selber zu produzieren, und ist schließlich überhaupt nicht mehr dazu in der Lage. Der natürliche Mechanismus verkümmert zusehends und reduziert die Fähigkeit zur Meditation für immer. Das Umgekehrte gilt aber auch: Je mehr man die körpereigenen Fähigkeiten übt und nutzt, desto stärker werden sie. Meditation führt nach und nach zu einer elektrochemischen Verfassung des Körpers, die dem wachsenden Bewußtsein entspricht. Somit werden dauerhafte Veränderungen möglich, die in das gesamte Leben integriert werden können.

Das Bewußtsein ist nicht irgendein durchsichtiges, substanzloses Etwas, das irgendwo im Gehirn umherschwirrt, sondern letztlich eine Funktion der Zellen. Jeder Zelle des Körpers wohnt ebenso Bewußtsein inne wie jedem Atom der gesamten Schöpfung.

Meine Insel der Stille

3
Geist und Bewußtsein

Die Rolle der Techniken

Es gibt eine Frage, die sich jedem ernsthaft Meditierenden immer wieder aufs Neue stellt, insbesondere, wenn er auf Schwierigkeiten stößt: „Wenn dies ein natürlicher Prozeß ist, weshalb verläuft er dann nicht mühelos und wie von selbst?"

Jeder Übende kommt einmal in Versuchung, aufzugeben, und selbst wenn ihm Sinn und Zweck der Meditation wertvoll und wichtig sind, so reichen die gute Absicht und das intensive Verlangen allein oft nicht aus. Denn die Meditationspraxis läuft häufig den natürlichen Neigungen des Verstandes zuwider, so daß es uns manchmal vorkommt, als kämpfe man gegen die eigene „Natur". Warum ist es nur so schwer, unser Potential zu verwirklichen?

Bei dieser Frage geht es letztlich um das gleiche Problem, dem wir schon bei der uralten Frage nach dem Grund für die Existenz des Bösen und des Leidens begegnet sind. Weshalb sind wir nicht alle von Natur aus gut und weise? Und warum sind das Leben und die Welt nicht in Harmonie, frei von Konflikten? Im Rahmen seiner Meditationspraxis wird jeder Mensch mit diesem fundamentalen und uralten Dilemma konfrontiert und nimmt dauerhaft und aktiv an diesem Kampf teil, den man als die archetypische Auseinandersetzung zwischen Gut und Böse, Dunkelheit und Licht bezeichnen kann.

Das menschliche Bewußtsein wächst nicht automatisch und auch nicht leicht und schnell. Bekanntlich erfordert es immer Mühe, Einschränkungen zu überwinden, und wenn man die Fesseln lösen möchte, mit denen der Verstand das Bewußtsein bindet, braucht man außerdem noch eine besondere Technik. Das Wissen um diese Techniken ist uralt und weit verbreitet. Schon immer hat es Menschen gegeben, die sich in der einen oder anderen Form der Meditation übten, und im Laufe der menschlichen Geschichte wurde das auf diese Weise entstandene Wissen an die nachfolgenden Generationen weitergegeben und vermehrte sich. Aber nur diejenigen Menschen, die ein starkes Bedürfnis nach Wachstum haben, verfügen auch über ausreichend Interesse, um die Meditation überhaupt ernstzunehmen. Für alle anderen ist dieser ganze Bereich sowieso völlig irrelevant. Das Wissen über Meditation und die entsprechenden Techniken mußten nie geheimgehalten werden, da sich die meisten Menschen sowieso nicht dafür interessieren.

Aspekte des Geistes

Wir wollen uns nun dieses eigenartige Wesen – unseren Geist – einmal näher ansehen. Ein so umfassendes Wort wie „Geist" wird in den unterschiedlichsten Zusammenhängen verwendet. Manchmal bedeutet es lediglich „Logik" oder „Verstand" und steht als solcher im Gegensatz zum Gefühl. Manchmal ist damit aber auch der gesamte Bereich der Psyche gemeint, einschließlich der Gefühle und Empfindungen. Wir wollen uns beispielsweise „einen klaren Kopf" verschaffen, wenn wir es mit stark gefühlsmäßig geprägten Ereignissen zu tun haben.

Manche Weltanschauungen betrachten den Geist als etwas Negatives. So weist zum Beispiel der hinduistische Begriff „Maya" auf jenen Schleier der Illusion hin, die der Geist auf das Spiel materieller Dinge projiziert und für „Wirklichkeit" hält. Dieser Schleier muß durchdrungen werden, um die absolute Wirklichkeit wahrnehmen zu können.

Wenn wir normalerweise das Wort „Geist" benutzen, meinen wir damit die Gesamtheit der bewußten und unbewußten psychischen Vorgänge. Da Meditation sich auf diese Gesamtheit des Geistes auswirkt, erscheint es mir sinnvoll, zum Zweck der näheren Erörterung drei Teile oder Funktionen des Geistes zu unterscheiden.

Natürlich denkt der Geist. Der denkende Geist, den wir normalerweise „Verstand" nennen, befaßt sich nicht nur mit Dingen wie der Quantenphysik, sondern auch mit der Entscheidung, ob man erst Einkaufen und dann zur Wäscherei geht oder umgekehrt. Meistens wird der Geist jedoch von Gefühlen gesteuert, und wir entscheiden uns aufgrund unserer jeweiligen Stimmung. Entscheidungen, die wir im Einklang mit unseren Gefühlen treffen, haben im allgemeinen mehr Gewicht als solche, die lediglich auf der Grundlage von Überlegungen getroffen werden. Wenn uns zum Beispiel ein Job mit einem ausgezeichneten Gehalt angeboten wird, der weit bessere Karriereaussichten verheißt und zusätzlich weitere Vorteile bietet, so ist es dennoch nicht ungewöhnlich, daß man sich am Ende dagegen entscheidet, weil man das Gefühl hat, daß er eigentlich keinen Spaß machen wird.

Letztlich hat der Geist auch eine physische Basis. Daher beeinflussen körperliche Faktoren ebenfalls die geistigen Vorgänge. So wird beispielsweise ein gemütlicher

Sessel an einem warmen Abend mehr Weite des Geistes ermöglichen als der Aufenthalt an einer eisigen Bushaltestelle. Man denkt besser, wenn die Gedanken infolge der entspannten Körperempfindungen von den angenehmen Gefühlen gleichsam „geölt" werden. Alle drei Aspekte des Geistes orientieren sich aneinander. Wird dieses Gleichgewicht jedoch gestört, weil beispielsweise die Körperempfindungen überwiegen, wird man höchstwahrscheinlich träge oder schläft sogar ein.

Es ist hilfreich, alle drei Aspekte des Geistes zu betrachten, denn dadurch kann man ihn realistischer einschätzen und kann sich der naiven Vorstellung entledigen, daß der Verstand so etwas wie eine störende Mücke ist, die man mit einem Mantra oder ähnlichem totschlagen muß.

Natürlich können bei der Meditation Gedanken, beziehungsweise das ständige mentale Geschwätz, zu einem großen Problem werden. Man sollte sich daher bewußt machen, daß die Gedankenketten, die Art der Gedanken und die Kraft, mit der sie vom Objekt der Meditation ablenkt, durch den emotionalen Zustand bedingt werden, in dem man sich gerade befindet. Die Gemütsverfassung spielt sowohl während der Meditation als auch für den Fortschritt der Meditationspraxis insgesamt eine wichtige Rolle. So ist es beispielsweise schwieriger, ruhig zu werden, wenn man aufgeregt ist, auch wenn gerade unter solchen Umständen der Versuch zu meditieren besonders wertvoll ist. Außerdem beeinflussen depressive oder manische Zustände auf Dauer auch den Entschluß, weiter zu meditieren.

Manche Menschen geben die regelmäßige Meditationspraxis auf, wenn es ihnen gut geht oder wenn sie glücklich sind, da sie ihnen jetzt weniger wichtig erscheint. Und wenn man zum Beispiel Zahnschmerzen hat, kann es recht schwer fallen, zu meditieren; fürchtet man sich allerdings vor Zahnärzten – eine emotionale Reaktion –, ist das viel schwieriger zu überwinden als der eigentliche Schmerz, da diese Angst den Geist so sehr beschäftigt, daß man an nichts anderes als an Zahnärzte und Bohrer denken kann. Es ist viel einfacher, mit den Zahnschmerzen umzugehen als mit dem, was der Geist aus ihnen macht.

Jeder Meditierende muß sich mit den Stimmungen, Zuständen und Umständen auseinandersetzen, die zum Menschsein gehören. Aber er arbeitet gleichzeitig daran, jenen Teil in sich zu entdecken, der dauerhaft ist, und er lernt, sich nicht von inneren und äußeren Reizen herumschubsen zu lassen. Durch Meditation entsteht die Fähigkeit, Gedanken, Gefühle und körperliche Empfindungen während ihres Entstehens und Vergehens zu beobachten. Was ist es aber, das diese Phänomene beobachtet? Ein Gefühl kann sich wohl kaum selbst beobachten. Die Beobachtungsfähigkeit muß sich also vom Beobachteten unterscheiden und getrennt von ihm existieren: Sie ist das Bewußtsein selbst.

Gedankliche Assoziationen

Ein wichtiger Teil unseres Verstandes arbeitet mit Hilfe von Assoziationen. Wenn wir auf die Welt kommen, assoziieren wir allerdings noch nicht. Ein Baby muß erst lernen, daß die Hand, mit der es winkt, ein Teil seiner selbst ist. Es muß lernen, diese Assoziation zu machen. Indem wir eines mit dem anderen verknüpfen, geben wir der Welt eine Bedeutung. Die Assoziationsfähigkeit ist zum Lernen zwar unerläßlich, aber wir assoziieren auch dann noch, wenn unser Verstand nicht mehr mit einer bestimmten Sache befaßt ist. Es ist eine kontinuierliche Aktivität geworden, die sich der bewußten Kontrolle entzieht. Und wenn man tagträumt, kann man sein Bewußtsein – die Fähigkeit, zu beobachten – nicht aufrechterhalten.

Man kann dieses innere Geschwätz leicht bemerken, wenn man seinen alltäglichen Beschäftigungen nachgeht, denn es läuft andauernd ab. Ein Gedanke führt zum nächsten und formt eine Assoziationskette, die man Schritt für Schritt bis zum ursprünglichen Gedanken zurückverfolgen kann.

Aber in uns spulen sich nicht nur Gedankenketten ab, auch ein kontinuierlicher Gefühlsreigen ist vorhanden. Ein bestimmtes Gefühl zieht gewisse Gedanken nach sich, die wiederum andere Gefühle wecken, die uns daran erinnern, wie man sich in einer bestimmten Situation gefühlt hat und so weiter.

Und wer kennt nicht Handlungsketten wie diese: Man will nur einen Aschenbecher zur Seite schieben, der aber fällt samt Inhalt auf den Boden. Also hebt man ihn auf und geht Schaufel und Besen holen, wobei man entdeckt, daß der Besen verschwunden ist. Also macht man sich auf die Suche und findet zufällig seinen Lieblingsfüller, den man vor einiger Zeit verloren hat. Man nimmt ihn an sich und steckt ihn in die Jackentasche, entsinnt sich aber gerade noch rechtzeitig, daß die Tasche ein Loch hat, und tut sie zur reparaturbedürftigen Kleidung. Dabei legt man den Füller irgendwohin. So kann selbst eine einfache Handlung zu einer ganzen Kette nachfolgender Handlungen führen!

Das Assoziieren ist energetisch betrachtet ein äußerst ökonomischer Vorgang. Wir brauchen uns keine bewußte Mühe zu geben, um den nächsten Schritt zu machen. Im Gegenteil, es kostet Mühe, diesen Vorgang zu unterbrechen, der dahinplätschert wie Wasser und gnadenlos von einer Gedanken- und Gefühlskette zur nächsten führt. Daher ist der Begriff „Bewußtseinsstrom" eine recht genaue Beschreibung dieses Vorgangs, obwohl auf dieser Ebene eigentlich kein Bewußtsein vorhanden ist. Die Gedanken tauchen auf wie Treibgut, das an den Strand des Geistes gespült wird. Was dabei auftaucht, ist rein zufällig.

Wiederholungen

Es ist gut, den Geist während der Meditation zu beschäftigen, allerdings nicht mit Material, das seine normale Aktivität – das Assoziieren – stimuliert. Die im ersten Kapitel erwähnten Beispiele – Schaukeln, ins Feuer starren – haben alle eines gemeinsam: das Element der Wiederholung. Die meisten Meditationstechniken nutzen dieses Prinzip, entweder durch die Konzentration auf die stete Wiederholung eines Tones, der dem Geist keine neuen Assoziationen anbietet, auf die er sich stürzen kann, oder indem man seine Aufmerksamkeit auf ein bestimmtes Bild oder eine wiederkehrende Bewegung richtet. Es ist eine Kunst, einen stillen Geist zu bewahren, für die man den richtigen Stimulus braucht. Er darf weder zu stark noch zu schwach sein. Dann wird den gewohnten Gedanken und Gefühlen nach und nach die Energie entzogen, so daß sie uns nicht länger in der uns vertrauten Welt festhalten, die sich jeder Mensch erschaffen hat. Dann herrscht der assoziative Geist nicht mehr, und das Bewußtsein ändert seinen Fokus.

Die stetige Wiederholung eines Tones, eines Bildes oder einer Bewegung ist aber auch in anderer Hinsicht wesentlich für die Meditation, auch wenn dieser Aspekt bedeutend subtiler ist. Stetige Wiederholungen führen zu einem Rhythmus. Es gibt viele verschiedene Rhythmen im menschlichen Organismus. Die offensichtlicheren sind der Herz- und der Atemrhythmus, aber es gibt noch viele andere, von den sehr schnellen, nicht wahrnehmbaren Rhythmen der Gehirnwellen beispielsweise bis hin zu sehr langsamen Tagesrhythmen, monatlichen oder gar Jahreszyklen. Man könnte sogar behaupten, der Körper bestehe aus Rhythmen.

Wenn man eine Wiederholung eine Zeitlang durchhält, wird sie rhythmisch und schwingt sich auf irgendeinen inneren Rhythmus ein: beispielsweise auf den Atemrhythmus oder einen anderen, der mit dem jeweiligen Zustand des Bewußtseins oder der Gefühle übereinstimmt. Die Meditation greift zu Anfang einen bestimmten Rhythmus auf, und sobald sich der Bewußtseinszustand ändert und vertieft, paßt sich der Übende einem anderen, subtileren Rhythmus an. Dieser übernimmt nun die Meditation, und immer subtilere Rhythmen nehmen ihn mit auf die Reise zurück zum Urrhythmus, dem Rhythmus der eigenen Existenz. Dieser Urrhythmus erhält uns; er verbindet einen Moment mit dem nächsten und verleiht unserem Leben auf diese Weise Beständigkeit.

Wiederholungen verhindern, daß der Geist sich in Gedanken oder Gefühlen verfängt. Taucht ein Gedanke auf, verschwindet der meditative Zustand. Man kann ihn jedoch immer wieder erreichen, und eine „normale" Übung besteht darin, daß man immer wieder zur einfachen Bewußtheit – Meditation – zurückkehrt, bis man diesen Zustand länger aufrechterhalten kann.

Meditation ist vergleichbar mit dem Versuch, über der aufgewühlten Meeresoberfläche zu schweben, auf deren Wellen man immer wieder herabfällt, bis man sich dessen wieder bewußt wird und sich erneut über sie erhebt, bis man von der nächsten großen Welle erfaßt wird. Es ist aber immer möglich, zur Meditation zurückzukehren, auch wenn man sozusagen tropfnaß ist.

Die Schulung der Aufmerksamkeit

Ein Mittel, sich nicht in den Assoziationen des Verstandes zu verlieren, besteht darin, sich aufmerksam einer Wiederholung zu widmen und sich daran festzuhalten. Das verhindert zwar nicht, daß derartige Ketten während der Meditation immer wieder auftauchen, aber der Vorgang wird gehemmt, und der ruhige Allgemeinzustand entzieht ihm Energie. Die gewöhnlich durch die Assoziationstätigkeit verschwendete Energie steht dem Meditierenden jetzt zur Verfügung, so daß er die Bewußtheit leichter aufrechterhalten kann. Die Kette wird unterbrochen, erstens, weil man sie beobachtet, und zweitens, weil man ihr nicht folgt. Es erfordert eine große und stete Aufmerksamkeit, den Gedanken nicht zu folgen und immer wieder zur Wiederholung oder dem Objekt der Meditation zurückzukehren. Beständiges Üben fördert diese Art der Aufmerksamkeit und macht es leichter, nicht nur während der Meditation aufmerksam zu sein. Aufmerksamkeit ist einfach und formlos, denn sie ist weder mit dem Bild, auf das man sich konzentriert, noch mit dem Ton oder der Bewegung identisch, auf die man sie richtet. Sie ist vielmehr eine eigenständige Kraft.

Die für die Meditation benötigte Qualität der Aufmerksamkeit oder Bewußtheit ist immer die gleiche, unabhängig davon, welche Methode man benutzt. Man könnte sie „weite Aufmerksamkeit" nennen, weil sie ein Gleichgewicht zwischen Konzentration und Achtsamkeit bewahrt. Es handelt sich also nicht um Konzentration im Sinne einer Einschränkung der Wahrnehmung, bei der sich die gesamte Aufmerksamkeit auf einen einzigen Gegenstand richtet. Andererseits geht sie aber auch nicht in mehrere Richtungen gleichzeitig oder befaßt sich mit einer Vielzahl von Objekten. Man spürt diese Art Aufmerksamkeit, die sowohl gerichtet als auch weiträumig ist, wenn man sich seiner selbst bewußt ist, während man auf irgend etwas achtet. Dieses Erinnern ist so, als sammle man die verstreuten Anteile seiner selbst und fasse sie im Inneren zusammen. Was verstreut ist, läßt sich sammeln. Die Begriffe „erinnern" oder „sich sammeln" werden in vielen Traditionen angewendet und beschreiben eine Grundübung, mit der die Aufmerksamkeit entwickelt wird. Durch Meditation übt man sich darin, sie aufrechtzuerhalten.

Die wahre Rolle des Verstandes

Alle Meditationsmethoden wurden aufgrund praktischer Erfahrungen entwickelt und funktionieren aufgrund derselben Prinzipien. Auch wenn diese häufig in komplizierter oder inspirierender Form erläutert werden, so sind die Methoden selbst im Grunde relativ einfach und verfolgen den Zweck, das Problem des geistigen „Flohzirkusses" zu lösen. Denn letztlich gilt es, einen

Weg zu finden, seinem Einflußbereich zu entrinnen. Am Ende laufen alle Techniken darauf hinaus, zu lernen, wie man sich sozusagen „am Flohzirkus vorbeimogeln" kann. Meistens wird den Flöhen eine Aufgabe zugewiesen, die sie beschäftigen, während das beobachtende und mit einem Bewußtsein seiner selbst ausgestattete Ich (das nicht mit dem Verstand identisch ist!) wie ein Kristall in dem so geschaffenen Raum wächst. Auf diese Weise wird der Verstand mit all seinen Fähigkeiten zu einem nützlichen Diener.

Meditationstechniken sind nicht dazu da, irgend etwas unter Kontrolle zu bringen oder etwas zu blockieren, sondern dienen vielmehr als eine Art Anker und als Leitfaden, der es uns erlaubt, den Geist und seine Eigenschaften zu erforschen und jene Fähigkeiten zu entfalten, die einem größeren Zusammenhang angehören als die mentalen Vorgänge des Verstandes.

Techniken sind solange notwendig, bis der Meditierende die Mittel und Wege der Meditation erlernt hat. Der Verstand läßt sich nicht unterdrücken; er kann noch aus dem schwächsten Reiz Energie beziehen und sie als Nahrung verwenden. Wenn man also mit dem Verstand am Verstand arbeitet, eskaliert das Problem lediglich, und man verstrickt sich immer mehr. Um dieses Problem erfolgreich zu lösen, braucht man Wissen und die dafür geeigneten Instrumente. Diese muß man sich bewußt aneignen, da sie uns nicht angeboren sind. Man muß sie von Menschen lernen, die sie einst selbst erlernt haben, und aus dem Erfahrungsschatz bestimmter Traditionen schöpfen. Auf eigene Faust ausgeführte Experimente sind kein Ersatz für diesen uralten, von Mensch zu Mensch übertragenen Erfahrungsschatz und führen deshalb zu ganz anderen Resultaten.

Letztlich überwindet man mit Hilfe der Meditation den Verstand als geschwätziges, ängstliches, zweifelndes, begieriges und vor allem ablenkendes Problem. Dies gelingt aber nicht, indem man ihn ausschaltet. Es ist nicht nur unmöglich, sondern auch nicht erstrebenswert, den Geist „leer" zu machen. Er hat sein eigenes Wesen und erfüllt wichtige Funktionen, die nicht eliminiert, sondern respektiert werden sollten. Man sollte dem Verstand nur die ihm angemessene Rolle zuweisen. Es gibt weitaus subtilere Instrumente als den Verstand, mit denen man sein Leben lenken und den Sinn des Daseins erkennen kann. Das Problem besteht aber darin, inmitten des allgemeinen innerlichen Lärms – der nicht einfach aufhört, nur weil wir uns das wünschen – das Wesen dieser Instrumente zu erkennen und zu lernen, ihnen zu vertrauen. Es muß gelingen, einen Weg zu finden, durch den die Stille im Geist einen Platz bekommt, damit eine stärkere Präsenz in ihm wachsen kann.

Alle Meditationsmethoden gehen auf die gleiche Weise vor, egal ob sie nun Töne, Bilder, Bewegungen oder den Atem nutzen. Erstens umgeht die Meditation die mentalen Assoziationen, zweitens fördert sie die bewußte Aufmerksamkeit, und drittens ordnet sie die unbewußten Fundamente unseres Daseins neu. Man kann daher Meditation als Methode bezeichnen, dem Bewußtsein zu Wachstum zu verhelfen. Wenn das Bewußtsein sich erweitert und vertieft, wird auch der Sinn des Lebens auf eine neue Art und Weise wahrgenommen. Die Fähigkeiten, die uns bei der Erfüllung unseres Menschseins helfen, funktionieren dann viel besser, und uns werden Fähigkeiten bewußt, die wir vorher überhaupt noch nicht kannten.

Was aber ist Bewußtsein? Wenn wir die oft erwähnten „veränderten Bewußtseinszustände" erreichen, heißt das dann auch, daß unser Bewußtsein wächst?

Veränderte Bewußtseinszustände

Häufig wird Meditation als eine Methode dargestellt, die uns in außergewöhnliche Bewußtseinszustände versetzen könne, und obwohl der Weg schwieriger sei, sei Meditation immerhin ungefährlicher als Drogen. Der Wunsch nach aufregenden Erlebnissen, nach Hochgefühlen, die im Mittelalter bisweilen als „süße Tröstung" umschrieben wurden, nach einem überwältigend schönen Blick auf die Wirklichkeit, nach dem all unsere Probleme und Depressionen ein für allemal verschwunden sein werden, lebt in uns allen.

Zustände dieser Art, gleich ob sie nun durch Drogen hervorgerufen werden oder durch Erschöpfung oder ob sie völlig unerwartet und unbeabsichtigt auftreten, sind unweigerlich emotional stark „geladen", besonders, wenn man sie mit normalen Zuständen vergleicht. Aber obwohl der Zugang zu diesen verborgenen Schätzen der Psyche verlockend sein kann und geradezu süchtig macht, hat er seine Beschränkungen. Strebt man diese angenehmen Zustände um ihrer selbst willen an oder hält man sie für ein wahres Abbild der „Wirklichkeit", so verhindert das die Entwicklung tieferer Einsichten. Wenn derartige Zustände aber im Kontext der Meditation auftreten, ordnen sie sich in einen Gesamtzusammenhang ein, in dem sie nicht mehr überbewertet werden.

Die mit solchen Zuständen einhergehende emotionale Ladung beruht auf der Neuheit, Rätselhaftigkeit und Außergewöhnlichkeit dieser Erfahrungen. In solchen Zuständen setzt das normale Verhalten minuten-, stunden- oder gar tagelang aus. Endet dieser besondere Zustand, wird das als Verlust empfunden. Man ist vielleicht sogar verwundert, daß „so etwas überhaupt möglich war", und es entsteht unweigerlich der tiefe Wunsch, „es solle wieder so sein".

Meditation ist nicht nur für Mystiker geeignet; sie ist keine billige Droge und auch nicht die angenehmere Therapieform. Man muß verstehen, daß die tiefen Gefühle, von denen „außergewöhnliche Bewußtseinszustände" häufig begleitet werden, aus der gefühlsmäßigen Verhaftung an diese Erfahrungen stammen. Aber diese Empfindungen sind nicht zwangsläufig Offenbarungen über das Wesen der Wirklichkeit. Ist ein Zustand normal, ist er weder erstaunlich noch außergewöhnlich oder kurzlebig. Deshalb ist man ihm auch nicht verhaftet; man befürchtet weder, ihn zu verlieren, noch ist man euphorisch darüber, ihn zu erleben. Eigentlich hat man überhaupt keine Gefühle. Es ist einfach so, wie es ist – eben normal. Aber Meditation kann Dimensionen eröffnen, die zuvor unbekannt waren oder nur ganz flüchtig erfahren werden konnten, und sie in den Normalzustand verwandeln, indem sie sie bewußt macht.

Bewußtsein

Das Wort „Bewußtsein" hat viele, geradezu mystische Anklänge, aber seine Bedeutung ist eigentlich ganz einfach. „Bewußt" hat mit „wissen" zu tun. Was der Geist weiß, ist bewußt. Sieht man den Menschen als Ganzes, so könnte man sein Bewußtsein als Lichtkreis inmitten der Dunkelheit des Unbewußten bezeichnen.

Jedesmal, wenn wir uns an etwas erinnern, scheint die Erinnerung aus einer Art tiefem Dunkel an die Oberfläche zu kommen. Die Erinnerung war natürlich immer vorhanden, auch wenn sie seit dem ursprünglichen Ereignis – vor einem Jahr oder einem ganzen Leben – nicht mehr ans Licht des Bewußtseins gedrungen ist. Aber wo war sie währenddessen?

Irgendwo im Dunkeln war das Ereignis als Ganzes abgespeichert, und obwohl es die ganze Zeit über völlig unbewußt gewesen ist, kann man nach und nach immer mehr davon ans Licht des Bewußtseins bringen, wenn man sich die entsprechende Mühe gibt. Wenn man sehr entspannt und konzentriert ist oder sich in Hypnose befindet, kann man sich sogar an winzige Details erinnern, die uns möglicherweise nicht einmal während des Geschehens selbst bewußt waren. Nachdem man sich erinnert hat, versinkt die Erinnerung wieder, und das Bewußtsein widmet sich etwas anderem; nur versinkt sie diesmal nicht mehr so tief. Sie liegt nun im Grenzbereich des Bewußtseins oder wurde, wenn sie bedeutsam genug war, in unser Wachbewußtsein integriert und somit zu einem Teil des bewußten Selbst.

Bewußtes und Unbewußtes

Das Selbstgefühl und der Verstand sind am stärksten mit dem bewußten Bereich unseres Wesens verbunden. Unser alltägliches Bewußtsein ordnet ständig Ereignisse und Empfindungen in die von uns geschaffene Wirklichkeitsstruktur ein. Solange sie ohne große Schwierigkeiten einzuordnen sind, haben wir das Gefühl, unser Leben im Griff zu haben.

Aber das bewußte Spektrum ist in Wahrheit recht klein, wenn man den Menschen in seiner Ganzheit betrachtet. So gibt es beispielsweise eine riesige Menge an Erinnerungen, die sich seit der Geburt – und möglicherweise schon vorher – angesammelt haben und im unbewußten Bereich unseres Wesens verborgen liegen. Ist der richtige Auslöser vorhanden, kann jede einzelne Erinnerung wieder an die Oberfläche unseres Bewußtseins geholt werden.

„Unbewußt" heißt nicht „unwirksam", denn alle Erinnerungen – Eindrücke, die im Unbewußten gespeichert sind – sind Fäden im Gewebe der Person, zu der wir geworden sind, und sie motivieren auch weiterhin unsere Handlungen, Entscheidungen und Neigungen, auch wenn wir uns dessen nicht bewußt sind.

Seit Freud gehört es zum Allgemeinwissen, daß negative Eindrücke, die verdrängt werden, nicht verschwinden, sondern weiterhin wirksam sind und unser gegenwärtiges Verhalten beeinflussen. Allerdings wird, obwohl es Freuds Ideen entstellt, das Unbewußte von den meisten Menschen als eine Brutstätte allerlei Übels betrachtet, voll dunkler und lauernder Schatten und verdrängtem Material, den sprichwörtlichen Leichen im Keller. Aber weder das persönliche noch das kollektive Unbewußte stehen im Gegensatz zum bewußten Selbst. Sie sind nicht seine Widersacher, und obwohl sie sich der bewußten Kontrolle entziehen, haben sie im Grunde überhaupt nichts Bedrohliches an sich. Vielmehr trennt die weit verbreitete Auffassung, das Unbewußte sei voller Bedrohungen, die Menschen von ihren tieferen Quellen und fördert Ohnmachtsgefühle und Nervosität. Kein Wunder, daß die Wartezimmer der Psychoanalytiker, Ärzte und Therapeuten voll sind. Unterdessen wächst der religiöse Fundamentalismus, der sich als Allheilmittel gegen diese Unsicherheit ausgibt und einfache Dogmen anbietet, denen man nur noch zu folgen braucht, damit alles wieder gut wird. Jeder von uns wird von den gesellschaftlichen Vorstellungen beeinflußt, die bestimmen, was es heißt, ein Mensch zu sein. Aber man sollte nicht einer Ideologie glauben, die die Kraft und Einheitlichkeit des menschlichen Bewußtseins ignoriert, die innere Zerrissenheit fördert und es unmöglich macht, Verantwortung für alle Aspekte seiner selbst zu übernehmen. Wenn man das Bewußtsein verstehen will, sollte man das Bewußte und das Unbewußte nicht als Gegensätze betrachten, sondern als zwei Aspekte eines unteilbaren Ganzen.

Manchmal bekommt man durch die unzähligen Selbstanalysen den Eindruck, das Bewußtsein werde dadurch erweitert, daß man dem widerwilligen Unbewußten Material entreißt und es ins strahlende Licht des Bewußtseins zerrt. Wenn man so vorgeht, dann kann man schon auf die Idee kommen, das Unbewußte sei voller Abfall und Unrat. Aber die Bemühungen des Verstandes, im Unbewußten herumzustöbern und sich in seine Angelegenheiten einzumischen, beruhen zweifellos auf vorgefaßten Werturteilen und konzentrieren sich darüber hinaus lediglich auf das Material, das dem Verstand besonders interessant zu sein scheint: auf Emotionen. Werden diese ans Licht gezerrt und seziert, sehen wahrscheinlich die Gefühle der meisten Menschen irgendwie ungesund aus. Die Menge an Gefühlen und deren Ursachen ist endlos, und die Art und Weise, auf die die Suche durchgeführt wird, schafft bereits neues Material. Komplexe Zusammenhänge haben die Neigung, sich beharrlich zu vervielfältigen, und enthüllen immer mehr komplexe Zusammenhänge. Diese Art der Gefühlsanalyse erweitert das Bewußtsein keineswegs. Das Schöne am wachsenden Bewußtsein ist ja gerade, daß es so unkompliziert ist.

Die bewußten und unbewußten Aspekte sind derart eng miteinander verwoben, daß sich – gleichgültig, ob man sich dessen bewußt ist oder nicht – Änderungen in einem Bereich im anderen widerspiegeln. Die Person, die wir in diesem Moment sind, ist das Produkt und die Kristallisation all dessen, was wir jemals getan, gedacht und gefühlt haben: Wir sind verkörperte Erinnerung. Anders gesagt, das Unbewußte ist sichtbar, und zwar in der Persönlichkeitsstruktur, die wir in diesem Moment haben. Und auch wenn uns das, was man sieht, nicht besonders gefällt, so erkennt man doch, sofern man sich selbst nüchtern genug betrachtet, daß es keinen Grund gibt, die Hoffnung aufzugeben.

Die Änderung des Bewußtseins

Die Meditation transzendiert Ideen und verschafft uns unmittelbare Einsichten in die Wirklichkeit des Menschseins. Je größer das Spektrum bewußten Wissens ist, desto geringer scheint die Feindschaft oder Opposition des Unbewußten zu sein. Alles ist Teil des Menschseins; nichts muß verborgen bleiben; alles kann in Kraft verwandelt werden.

Eine auf lange Dauer angelegte Disziplin wie Meditation wirkt sich auf das gesamte Wesen aus, auf die bewußten Teile ebenso wie auf die unbewußten. Man führt bestimmte bewußte Handlungen aus (die Technik) und weiß, daß das auch Auswirkungen hat, die uns nicht sofort bewußt sind. Es ist an dieser Stelle wichtig, ganz besonders darauf hinzuweisen, daß die durch die Meditation verursachten Veränderungen zunächst einmal unbewußt vonstatten gehen. Denn es ist ja nicht unsere Absicht, unsere Persönlichkeit oder die Psyche einem bestimmten Programm erwünschter Veränderungen unterzuordnen oder sie ihm anzupassen. Wenn der selbstbezogene und egoistische Verstand versucht, das innere Universum auf die eigene Einflußsphäre zu reduzieren und es in die ihm vertrauten Schubladen einzuordnen, greift er in den meditativen Vorgang ein.

Da der Übende nicht versucht, unbewußte Elemente direkt zu beeinflussen, ist Meditation eine einzigartige Methode, einen Zugang zur Psyche zu finden und sie umzustrukturieren. Dabei muß man Vertrauen in den Meditationsprozeß haben, der sich nur mit dem befaßt, was im Moment auftaucht, und zwar nur, solange es in Erscheinung tritt. Die Grundstrukturen des eigenen Wesens ändern sich erst nach und nach, und die im Unbewußten erfolgten Veränderungen manifestieren sich erst im Laufe der Zeit auch im Bewußtsein.

Durch Meditation lernen wir um; das gilt auch für unsere psychischen Angewohnheiten. Weil wir uns immer wieder neu entscheiden müssen, weiter zu meditieren, ist Meditation zwangsläufig ein langwieriger und bewußt herbeigeführter Prozeß. Man kann nicht automatisch meditieren. Wenn man authört, sich bewußt zu bemühen, gibt man unweigerlich auf. Schon die Bemühung allein schult, stärkt und erweitert das Bewußtsein. Es ist möglich, daß das, was im Moment noch unbewußt ist, bereits bestimmte Fähigkeiten und eine Kraft besitzt, die uns im Augenblick noch nicht klar ist. Dieses Konzept des Unbewußten geht davon aus, daß es eine größere Dimension als das normale Bewußtsein besitzt und die Schätze der Psyche gegenwärtig noch vom Drachen der Trägheit und Gewohnheit bewacht werden.

Um die bereits verwendete Metapher noch einmal zu bemühen: Man kann die Auswirkungen der Meditation auf den kleinen Lichtkreis des Bewußtseins auch mit der Entwicklung eines Muskels vergleichen, der diesen Kreis momentan noch klein hält und krampfhaft umschlingt. Sobald dieser Muskel aber stärker wird, steht ihm auch mehr Energie zur Verfügung, und er kann lernen, den Kreis nach außen hin zu öffnen. Sobald das unbewußte Wissen und die unbewußten Fähigkeiten Teil der normalen Wahrnehmung werden, erhält man eine größere Sicht der Ereignisse und ordnet sie entsprechend anders ein. Selbst Ereignisse, die man zuvor nicht bemerkt hätte, werden nun Bestandteil der Erfahrungswelt, und dementsprechend erweitert sich das Bewußtsein noch weiter.

Sobald der gegenwärtige Moment hinter uns liegt, werden die aktuellen Erfahrungen zu Erinnerungen und somit Bestandteil unserer unbewußten Struktur, die uns zu dem macht, was wir sind. Das beeinflußt wiederum unsere zukünftigen Handlungen. Deshalb gestalten wir uns durch die Erweiterung unserer Wahrnehmungsfähigkeit eine andere Zukunft. Die Kette von Ursache und Wirkung ändert sich, und zwar so sehr, daß man ohne Übertreibung behaupten kann, Meditation ändere das ganze Leben: Vergangenheit, Gegenwart und Zukunft. Was wir in diesem Moment tun, bedingt, was zukünftig geschieht, und was wir in der Vergangenheit getan haben, wird Teil der Gegenwart.

Meine Insel der Stille

Das einfache Bewußtsein

Kurze Ausflüge auf andere Ebenen der Wahrnehmung und des Fühlens verursachen keine grundlegenden Veränderungen des Lebens. Derartige außergewöhnliche Erfahrungen verblassen zu Erinnerungen, sobald das normale Bewußtsein wieder Fuß faßt, und selbst, wenn man sich daran erinnert, heißt das nicht zwangsläufig, daß man sie erneut erleben kann. Wenn uns aber etwas bewußt geworden ist, bedeutet das, daß es dem Normalbewußtsein zugänglich ist und somit ein Teil des Alltags wird.

Das Wesen des Bewußtseins ist unkompliziert. Ein erweitertes Bewußtsein macht das Leben nicht komplizierter; „erweitert" bedeutet nämlich nicht, daß man „mehr" (im Sinne winziger Details und riesiger Mengen an Informationen) wahrnimmt. Das Gegenteil ist der Fall. Das Bewußtsein ordnet und vereinfacht auf der Grundlage von Sinn und Bedeutsamkeit; dadurch wird das Alltagsleben einfacher und umfassender.

Das Prinzip der Einfachheit ist ständig wirksam, denn das Bewußtsein ist allgegenwärtig und entwickelt sich kontinuierlich in Richtung auf Vereinfachung hin. Damit die Welt Sinn macht, ordnet der Verstand Ereignisse in sinnvolle Strukturen ein, die auf Ähnlichkeiten beruhen und im Kontext der eigenen Weltanschauung mit bereits gemachten Erfahrungen verglichen werden. Ohne diese Strukturen würden wir von der Komplexität des Lebens und unserer Erfahrungen überwältigt. Die meisten Menschen schaffen sich eine kohärente Arbeitsstruktur, die es ihnen erlaubt, mit der normalen Realität umzugehen. Strukturen beruhen auf Vereinfachungen, und je einfacher Strukturen sind, desto umfassender können sie auch sein und um so mehr aufnehmen und verstehen.

Als Beispiel für eine erfolgreiche, flexible Struktur kann die folgende Geschichte dienen: Vor einiger Zeit landete in der Nähe eines entlegenen tibetischen Klosters ein Hubschrauber. Aber niemand floh aus Angst vor „dem großen Vogel aus dem Himmel". Der Abt, der noch nie im Leben einen Hubschrauber gesehen hatte, konnte das Ereignis ganz ohne Aufregung akzeptieren, denn seine Weltanschauung basierte nicht ausschließlich auf Informationen aus seiner unmittelbaren Umgebung, in der er seit seiner Geburt isoliert lebte, sondern auf Prinzipien, die weit und einfach genug waren, auch das anscheinend Unmögliche anzunehmen.

Ein weiteres Beispiel für den Nutzen der Einfachheit stammt aus der Geschichte der Kosmologie. Der Gedanke, daß die Erde der Mittelpunkt des Universums ist und die Sterne Fixpunkte am Himmelszelt sind, war solange einfach genug, bis dieses Konzept den Beobachtungen nicht mehr gerecht wurde. Dann wurde es eine Zeitlang immer komplizierter, und Kristallsphären, Zyklen und Epizyklen wurden dem Modell hinzugefügt. Die Kopernikanische Revolution schließlich führte zu einer erweiterten und einfacheren Perspektive, die die beobachteten Fakten erneut erfolgreich zusammenfaßte. Mit der Sonne im Zentrum war das Modell einfacher, genauer und erlaubte es, das Universum besser zu verstehen. Man könnte sagen, das menschliche Bewußtsein erweiterte sich durch einen Quantensprung. Dieser Sprung hat es in unserer Zeit dann möglich gemacht, beispielsweise die Bahn der Voyager-Raumsonde detailliert zu berechnen.

Je grundlegender das Prinzip, desto umfassender ist sein Wirkungsbereich. Wenn man zum Beispiel irgend etwas lernen möchte, sollte man sich nicht jedes Detail einprägen – was letztlich auch unmöglich ist –, sondern sich immer umfassenderen Ganzheiten (Systeme, Gesetze, Strukturen) zuwenden. Einen Motor zu verstehen, heißt nicht, zu wissen, wo jede Schraube hingehört. Hat man aber das Wirkungsprinzip erst einmal erfaßt, könnte man den Verbrennungsmotor auch dann rekonstruieren, wenn alle Autos mitsamt der gegenwärtigen Kenntnis der Mechanik auf einmal verschwunden wären.

Obwohl umfassendere Strukturen Erfahrungen vereinfachen, ist der Versuch, sie in einer Abfolge von Gedanken und Ideen zu beschreiben, ein relativ kompliziertes Unterfangen, da die Sprache ein komplexes Medium ist. Ziel dieses Buches ist zwar, die Vorstellungen über die Meditation zu vereinfachen, aber ein vereinfachendes Verständnis entsteht nur durch Meditation, denn nur sie dringt zum Kern aller Erklärungsversuche vor, da sie vorsprachlicher Natur ist. Es ist nicht einfach, das Wesen des Bewußtseins und der Meditation in einem Buch zu erläutern, da sich in ihm lediglich Ideen und Theorien darstellen lassen. Die verschiedenen traditionellen Schulen haben die Meditation endlos beschrieben, vielleicht auch, weil der Verstand sich meist komplizierte Antworten wünscht. All diese Versuche gehen jedoch am Wesentlichen vorbei.

Meditation ist eine Reise von der Komplexität zur Einfachheit und beeinflußt somit letztlich auch unser Verständnis des Lebens und des Selbst. So wirkt die Meditation auch dadurch, daß sie es dem Komplizierten nicht erlaubt, zum Kern unseres Wesens vorzudringen. Sie schult den Verstand nach und nach darin, einfach nur wahrzunehmen, indem sie immer auf das achtet, was größer und einfacher ist.

Reines Bewußtsein ist absolut einfach. Durch Meditation können wir diese Einfachheit erreichen und beibehalten. Das in sich ruhende Bewußtsein ähnelt der Flamme einer Kerze. Sobald ein Gedanke oder ein Gefühl auftauchen, leckt die Flamme des Bewußtsein an ihnen und verbrennt sie. Dadurch verringert sie deren Macht über uns. Wer den Gipfel (oder den Kern) der Wirklichkeit erreichen möchte, muß erkennen, wie einfach das Bewußtsein ist. Eine gute Beschreibung der Essenz aller religiösen oder mystischen Erfahrungen lautet, jene Einfachheit des Bewußtseins zu erreichen, die das Göttliche im Leben wahrnehmen kann.

4
Meditation in der Praxis

Wir leben auf einem relativ kleinen Planeten, genauer gesagt, auf einem kleinen Teil dieses Planeten in irgendeinem Land. In diesem Land gibt es wahrscheinlich nur ein bestimmtes Gebiet, das wir gut kennen und als unsere Heimat betrachten: einen Landstrich, eine Stadt, ein Dorf. Aber wirklich tätig sind wir in einem noch viel kleineren Bezirk, nämlich dort, wo unsere Wohnung und unsere Arbeitsstelle liegen. Und letzten Endes befassen wir uns meist nur mit der eigenen Familie, ein paar Freunden, einigen Hobbys und vielleicht noch mit ein oder zwei Dingen, die uns wichtig erscheinen und für die wir uns engagieren.

Das ist unvermeidlich. Niemand kann überall gleichzeitig sein oder sich mit allem befassen. So betrachtet ist jeder einzelne von uns ein weitgehend bedeutungsloses Staubkorn im Gesamtzusammenhang der Erde, nichts als ein winziger Kosmos aus Gedanken und Gefühlen, der sich auf einer der vielen Ebenen, aus denen die menschliche Gesellschaft im Kleinen wie im Großen besteht, vornehmlich den eigenen Interessen widmet.

Man kann das Ganze so betrachten, aber das muß nicht so sein. Entscheidend ist, wie „groß" ein Mensch ist. Damit meine ich nicht seinen Status oder seinen Einfluß auf andere Menschen und die Welt; damit meine ich die Größe seines Wesens.

Das Wesen des Menschen

Die Größe eines Menschen beschränkt sich nicht auf die von Haut umschlossene Gestalt. Das ist lediglich sein Körper. Sie schließt alle seine Interessen und Tätigkeiten mit ein, geht also bis an die Grenzen seiner alltäglichen Bewußtheit. Was dem Leben Sinn gibt, bestimmt das Ausmaß des menschlichen Wesens. Man könnte Menschen als Sphären betrachten, deren Interessen und Beschäftigungen sich überkreuzen, die aber über eine eigene Identität verfügen und ihre Integrität als Individuum aufrechterhalten.

Manche Menschen sind „größer" als andere. Man spürt das immer dann, wenn man einem wirklich großen Menschen begegnet. Er erscheint uns als irgendwie konzentrierter und sehr präsent. Seine Gegenwart ist nicht nur eindeutig spürbar, sie erstreckt sich auch über einen größeren Bereich. Ein Mensch, der im Rampenlicht der Öffentlichkeit steht, zum Beispiel ein Politiker, der eine große Verantwortung trägt und wichtige Entscheidungen zu treffen hat, ist nicht zwangsläufig groß. Er mag eine gewisse, quasi geborgte Größe haben, die er der Publizität und Aufmerksamkeit anderer verdankt, aber solche Faktoren stellen kein Maß für die Wesensgröße eines Menschen dar.

Es gibt keinen objektiven Maßstab, um diese Größe zu messen. Es ist eine Frage der Präsenz. Präsenz ist wie ein Energiefeld, das jemanden umgibt. Es ist schwierig, „das Maß" solcher Personen zu nehmen, denn sie werden den normalen Stereotypen nicht gerecht. Wenn ein solcher Mensch bei einem gesellschaftlichen Ereignis den Raum betritt, wird ihn fast jeder bemerken. Das hat nichts mit Äußerlichkeiten zu tun, ist auch nicht witzigen Bemerkungen, einem extrovertierten Verhalten oder einer bestimmten Art, die Aufmerksamkeit anderer zu erregen, zuzuschreiben. Statt dessen spürt man eine bestimmte Macht und Selbstsicherheit, die uns Respekt abnötigt. Eine derartige Präsenz läßt sich nicht vortäuschen. Sie entsteht nicht dadurch, daß man zu jedem Thema etwas zu sagen hat, sondern ist Ausdruck eines Lebens und Wesens, daß auf soliden Fundamenten ruht. Ideale verschaffen uns kein solides Fundament, selbst wenn sie kosmisch oder spirituell sind; sie erweitern das Bewußtsein ebensowenig wie diffuses Denken und Fühlen das Bewußtsein heben.

Die Größe des Wesens läßt sich nur schwer einordnen, aber sie ist spürbar und geht unweigerlich mit einem kraftvollen, klaren und disziplinierten Lebensstil einher – zum Guten oder zum Schlechten, denn Größe führt nicht zwangsläufig zu positiven Handlungen. Aber jede Größe setzt Selbstdisziplin voraus, da die Energie, die gewöhnlich auf unnötiges und selbstauferlegtes Leiden, Streß und unnötige Schwierigkeiten verschwendet wird, für das Wachstum des Wesens benötigt wird. Da die Energie, über die ein Mensch verfügt, begrenzt ist, hängt viel davon ab, worauf man seine Energie richtet und wie man mit ihr umgeht. So kann Leiden zum Beispiel Energie erzeugen, aber auch eine Menge Energie kosten. Mit Beziehungen ist es das Gleiche. Die transformierende Kraft ist das Bewußtsein.

Leben erfordert Geschicklichkeit. Möchte man in einem bestimmten Bereich Höchstleistungen erzielen, benötigt man Disziplin und muß Dinge unterlassen, die irrelevant oder dem Ziel gar abträglich sind. Je höher uns unser Streben führen soll, desto geordneter muß unsere Lebensweise sein, denn nicht nur unsere Energie ist begrenzt, sondern auch die uns zur Verfügung stehende Zeit, und wer bestimmte Fähigkeiten entwickeln will, darf weder Energie noch Zeit verschwenden. Wenn es uns nicht um eine bestimmte Fähigkeit geht, sondern darum, mehr zu wissen und zu sein, wenn man also ein größerer Mensch werden will, muß man sogar noch mehr Selbstdisziplin aufbringen. Die „Muskeln" oder Fähigkeiten, die man bei dem Bemühen um ein wahrhaft kreatives Leben erwerben muß, sind der Verstand und die Gefühle. Solange die mentalen Vorgänge und die Emotionen vernachlässigt werden oder sich in einem chaotischen Zustand befinden, kann dieses Unterfangen nicht gelingen. Die größte Hilfe für das Wachstum des Wesens ist eine Methode, die eine allgemeine Orientierung bietet, als Richtschnur dient und hilft, auftretende Konflikte kreativ zu lösen. Meditation ist eine solche Methode.

Die Rolle von Konflikten

Das Leben ist voller sozialer und persönlicher Konflikte. Man könnte sogar behaupten, das Leben sei nichts als Konflikt: vom Kampf der Keimlinge um genügend Licht über den Überlebenskampf der einzelnen Tierarten innerhalb eines Lebensraumes bis hin zum Kampf verschiedener Menschen um denselben Arbeitsplatz. Ohne Konflikte gäbe es das Leben, das wir kennen, nicht.

Meditation lehrt uns nicht, Konflikte zu vermeiden. Sie ist auch nicht dazu da, einen harmonischen Zustand zu erreichen, in dem keine Konflikte mehr an uns herankommen können. Viele Menschen stellen sich zwar den ersehnten Frieden so vor, aber ein derartiger Zustand hätte nichts mehr mit einem größeren Leben zu tun. Der

Wunsch ist unrealistisch; er ist Götzendienst wie die Anbetung des Goldenen Kalbes, nur weil die Prüfungen auf der Wanderung durch die Wüste im Dienste des lebenden Gottes dem Glauben und dem Willen zuviel abverlangt haben. Tatsache ist, daß Meditation mehr Konflikte mit sich bringt und nicht weniger. Zum Beispiel Zeitprobleme: Wenn man in seinem geschäftigen Leben Zeit zum Meditieren schaffen will, bedeutet das, daß man seinen Entschluß immer wieder erneuern muß. Das geht nur, wenn man weiß, daß die mit Meditation verbrachte Zeit fruchtbarer ist als die für eine andere Beschäftigung genutzte. Sobald man sich entschieden hat, zu meditieren und seine Energie auf diese Weise zu konzentrieren, entsteht ein Konflikt mit den vorherrschenden Verhaltensmustern und der „inneren Freiheit", den gewohnten Gedankengängen und emotionalen Reaktionen nachzugehen.

Konflikte sind unvermeidbar. Wer überleben will, befindet sich dauernd im Konflikt mit seiner Umwelt. Jeder Atemzug, mit dem wir unser Leben verlängern, tötet Millionen Mikroorganismen; wer in einer Wohnung wohnt, verhindert damit, daß andere sie bewohnen; wenn man eine Arbeitsstelle hat, können andere, ebenso qualifizierte Leute sie nicht mehr haben; wer arbeitslos ist, erhöht damit die finanzielle Belastung der anderen.

Weil Konflikte unvermeidlich sind, hat man lediglich die Wahl, konstruktiv oder destruktiv mit ihnen umzugehen, oder sie als unlösbar zu betrachten und aufzugeben. Der konstruktive Umgang mit Konflikten führt zu Wachstum, der destruktive Umgang zu Zerstörung, und die Einstellung, sie seien sowieso unlösbar, erhält Konflikte unnötigerweise aufrecht.

Jeder konstruktive Konflikt hat auch eine destruktive Seite. Was einerseits konstruktiv ist, ist andererseits unvermeidlich destruktiv. Dennoch bleibt dank einer ganzen Reihe ausgleichender Mechanismen und einer Hierarchie der Interessen die Harmonie des Lebens als Ganzes erhalten. Jedes Ökosystem ist ein Beispiel für dieses Prinzip. Nur unsinnige Konflikte helfen niemandem. Man braucht nicht lange zu suchen, um ein gutes Beispiel für einen unsinnigen Konflikt zu finden. Jede Form der inneren Qual, alle Ängste, jeder chronische Streit und jedes ungute Gefühl sich selbst oder anderen gegenüber ist sinnlos. Auch destruktive Konflikte lassen sich ohne weiteres im eigenen Inneren aufspüren, zum Beispiel dann, wenn ein Projekt fehlgeschlagen oder eine Absicht vereitelt worden ist. Wenn man dies Geldmangel, Zeitmangel oder mangelndem Willen zuschreibt und sich dafür die Schuld gibt, geht es uns wie dem Schößling im Wald: Das anfängliche Wachstum war umsonst und kommt den größeren, bereits verwurzelten Bäumen zugute. Nicht alle Bäume können an derselben Stelle wachsen.

Kreative Konfliktlösung findet nicht nur dann statt, wenn man trotz Schwierigkeiten etwas erreicht hat, sondern auch, wenn man aus dem Problem etwas gelernt hat. Dann enthält sogar der oben erwähnte Konflikt etwas Kreatives. Wenn man also einen „Kampf" verloren, aber dabei etwas gelernt hat, war der Konflikt in dieser Hinsicht kreativ.

Alles, was man jemals erreicht hat, wurde auf Kosten von etwas anderem erreicht. Die bedeutsamsten und wertvollsten Erfolge hinterlassen eine Fährte aus Konflikten. Meistens handelt es sich nur um innere Konflikte, wie die Überwindung von Trägheit oder die Ablehnung einer anderen einleuchtenden Möglichkeit, aber manchmal auch um äußere.

Der Wille

Letzten Endes ist es eine Frage des Willens, wie wir handeln. Der Wunsch allein – zum Beispiel, täglich zu meditieren – führt nicht zum beabsichtigten Ziel, denn andere, ähnlich mächtige, aber dem Ziel entgegengesetzte Wünsche tauchen auf, wie der Wunsch nach mehr Zeit für sich oder die Familie oder der Wunsch nach mehr Geld, um den gewohnten Lebensstil aufrechtzuerhalten. Der zusätzliche Faktor, den man zur Verwirklichung einer Absicht benötigt, ist eine meist nur zum Teil bewußte Kraft: der Wille.

Es ist nicht immer leicht, den eigenen Willen zu erkennen und ihn von Wünschen oder Absichten zu unterscheiden. Was bringt uns beispielsweise dazu, Saxophon zu üben oder als Student ein Referat zu schreiben, obwohl man nach einem langen Tag müde ist und alle anderen sich entspannen, etwas trinken und Spaß haben? In diesem Fall kann es sich kaum um einen bloßen Wunsch handeln, denn Wünsche sind immer eine Sache des Augenblicks. Jeder langgehegte Wunsch, jeder Wunsch, der Widerstände überwindet, wird offensichtlich vom Willen unterstützt. Der Wille ist ein Mechanismus, der Wünsche verwirklichen hilft. Man kann den Willen „ungefärbt" nennen, da er sich von Gefühlen und Wünschen nicht beeinflussen läßt.

Man kann aus vielerlei Gründen mit der Meditation beginnen, viele Ideen haben, was sie uns bringen wird oder auch nicht, aber das Einzige, was uns im Laufe der

Zeit hilft, an einem Entschluß festzuhalten, ist der Wille. Ideen verändern sich; die Wünsche, die uns anfänglich motiviert haben, verschwinden wieder; die Begeisterung kommt und geht. Das entspricht der menschlichen Natur und ist unvermeidlich. Meditation ist keine Krücke, die uns unabhängig von äußeren Einflüssen unterstützt. Im Gegenteil, sie führt zu Konflikten, sorgt aber gleichzeitig dafür, daß wir kreativ mit ihnen umgehen können, denn jede kontinuierliche Meditationspraxis führt zum Wachstum des Wesens.

Dieses Wachstum erweitert und ordnet das Denken und das Gefühlsleben. Außerdem wird die Welt reicher, und weil der private Streß und das Leiden abnehmen, können unsere Gefühle ruhiger und tiefer werden. Aber zunächst muß man sein Leben einmal praktisch organisieren, um die Selbstdisziplin, die uns Meditation abverlangt, aufrechterhalten zu können. Das Wesen besteht nicht nur aus Bewußtseinszuständen, sondern auch aus Lebensumständen. Man erkennt es nicht an dem, was Menschen denken oder zu denken meinen, sondern daran, wie sie sind und wie sie ihr Leben führen.

Alltag und Rückzug

Was ich bisher geschrieben habe, läuft scheinbar auf eine Art „Lebensschulung" hinaus. Bedeutet das, daß man sein gesamtes Leben der Meditation widmen muß? Wenn Meditation so wertvoll ist, sind dann nicht alle anderen Dinge zweitrangig? Ist es dann nicht logisch, daß die „Meditationsprofis", die sich in ein Kloster oder auf einen Berggipfel zurückziehen, in einer weit besseren Ausgangsposition sind und daher ein viel höheres Niveau erreichen können als Menschen, die ansonsten ein ganz normales Leben führen?

Doch entgegen der vermeintlichen Logik lautet die Antwort auf diese Fragen: „Nicht unbedingt!" Denn Meditation ist auch in der Fabrik möglich. Natürlich können ideale Umstände uns weiterhelfen, aber sie können genauso gut das Gegenteil bewirken. Selbst wenn man ein sehr arbeitsames Leben führt und ständig unter Druck steht, kann man immer noch Zeit für Meditation schaffen, und der Nutzen, den man daraus zieht – eine Stärkung der Willenskraft, größere Flexibilität und Beherrschung beispielsweise – kann auf lange Sicht mehr Vorteile bringen als ein ruhiges und stilles Leben, das ganz der Meditation gewidmet ist. Jede Situation bringt ihre eigenen Probleme mit sich. Zieht man sich aus der Welt zurück oder beschränkt man seine Aktivitäten nur auf jene, die für die Meditation förderlich sind, so schafft man sich auch Hindernisse und Fallen, die mit dieser „Abkehr" zusammenhängen: zum Beispiel die berühmte Nabelschau.

Letztlich verfügt der, der einem abwechslungsreichem Leben die meditative Dimension hinzufügt, obwohl er unter Druck steht, über größere Fähigkeiten. Je breiter und fester das Fundament des Wachstums ist, desto mehr kann darauf gedeihen. Inneres Wachstum läßt sich mit dem Bau eines Hochhauses vergleichen. Ist das Fundament zu klein, dann kann ein starker Wind das Gebäude zum Einsturz bringen. Natürlich ist es schwieriger, ohne unterstützende äußere Umstände zu meditieren. Es ist schwieriger, damit anzufangen, und schwieriger, es durchzuhalten. Man wird möglicherweise wie der Lachs, der gegen den Strom zum Ort seines Ursprungs zurück schwimmt, starker Opposition ausgesetzt sein. Meditation ist eigentlich nichts anderes als eine Rückkehr zum Ursprung, zum kreativen Potential, zur Quelle, der wir alle entsprungen sind und der wir in jedem Moment unserer Existenz erneut entspringen. Ein mit diesem kreativen Ursprung bewußt verbundenes Leben ist ein ganz neues Leben.

Es gibt niemanden, dem diese Möglichkeit nicht offenstünde. Ohne das gelegentliche Bedürfnis nach Rückzug oder den Wert dieses Lebensweges kritisieren zu wollen, meine ich, es ist ein romantischer Fehler, zu glauben, der wahre Reichtum des Lebens sei nur für diejenigen reserviert, die es hinter sich lassen. Andererseits sollte niemand die Schwierigkeiten unterschätzen, ohne unterstützende äußere Faktoren die Orientierung zu behalten. Die Zwänge des Alltags lassen sich durchaus mit dem Panzer des größten und gemeinsten Drachens vergleichen, dem je ein Ritter begegnet ist. Es ist leichter – manche würden sagen, es hat mehr Sinn –, einen sicheren Abstand zur Welt zu halten und sich darauf zu konzentrieren, seine Kräfte und Fähigkeiten zu entwickeln, damit man irgendwann ganz schnell am Drachen vorbeihuschen kann. Dabei ist doch der Drache nichts weiter als die Gesamtheit der Haltungen und Einstellungen, mit denen jeder Mensch konfrontiert wird und die man auf der Reise ins Kreative überwinden muß. In den Mythen bewachen Drachen Schätze. Drachen stellen Kräfte dar, die gemeistert werden müssen, bevor wir die Schätze der Psyche bergen können.

Der Rückzug aus der Welt mit dem Ziel, die eigenen Kräfte zu entwickeln, ist ein gangbarer Weg. Er hat jedoch den Nachteil, daß man erst dann weiß, ob man wirklich in Form ist, wenn man unmittelbar mit dem Drachen konfrontiert wird. Die Erkenntnis, ob man den

Drachen wahrhaftig überwunden hat, erwächst aus den Erfahrungen, die man im Kampf mit ihm sammelt. Man mag also größere Standhaftigkeit brauchen und muß vielleicht motivierter sein, um inmitten der alltäglichen Wirrnisse an der Meditation festzuhalten, aber es erwächst daraus auch ein umfangreiches Wissen. Die wichtigste praktische Hilfe bei dieser Aufgabe ist ein Meditationslehrer, der uns zur Seite stehen sollte.

Auf bestimmte Menschen werden Rückzug, ein Leben in Stille oder die Konzentration auf ein einziges Ziel immer eine besondere Anziehungskraft ausüben. Aus verschiedenen Gründen (Persönlichkeit, Neigung, Lebensumstände, Religion) ist das dann der richtige Weg für sie. Aber auch ein gelegentlicher Rückzug, für eine Woche oder länger, kann schon sehr hilfreich sein. Allerdings sind für eine umfassende Meditationspraxis keine besonderen Umstände erforderlich.

Die Wahl einer Methode

Manche Menschen beginnen zu meditieren, weil sie auf eine inspirierende Philosophie oder einen beeindruckenden Menschen gestoßen sind. Für viele andere ist die riesige Auswahl an Methoden ziemlich verwirrend, und sie wissen nicht, wo sie mit der Suche anfangen sollen. Ein Buch wie dieses kann für diese Menschen einige Richtlinien bieten, wie sie bei der Bewertung einer Methode vorgehen können. Die Auswahl und die eigentliche Beurteilung obliegt jedoch immer dem Einzelnen.

Ein kurzer Blick auf die Anschlagbretter im einschlägigen Buchhandel zeigt, daß man sich in die unterschiedlichsten Meditationsformen einführen lassen kann. Ein Punkt, den man bei der Auswahl beachten sollte, ist der philosophische oder religiöse Hintergrund der jeweiligen Methode. Wenn man zu meditieren beginnt, spielt dieser nicht unbedingt eine Rolle, vor allem, wenn man sich primär für die Methode interessiert; später wird der Hintergrund jedoch wichtiger. Denn wenn man in seiner Meditationspraxis Fortschritte erzielen möchte, dabei jedoch mit dem übergeordneten Zusammenhang, der gefühlsmäßigen Ausrichtung und der Demut, die die Methode fordert, Mühe hat, wird daraus ein Problem werden.

Man sollte darauf achten, ob es sich um ein östliches oder westliches System handelt. Viele der vermeintlich westlichen Methoden stammen ursprünglich aus dem Osten und sind der westlichen Mentalität nur mehr oder weniger angepaßt worden. Auch das könnte für den weiteren Fortschritt Probleme mit sich bringen. Denn wenn auch die Grundprinzipien aller Meditationssysteme letztlich gleich sind, so sind doch die Methoden, Ansätze, Erwartungen und Terminologien immer kulturell bedingt.

Meditation wird im allgemeinen als Import aus dem Osten betrachtet, nicht nur, weil sie erst vor relativ kurzer Zeit im Westen einen solchen Bekanntheitsgrad erlangt hat, sondern weil die meditativen Traditionen im Buddhismus und Hinduismus so prominent vertreten sind. Für das jüdisch-christliche Abendland kam das einer „Offenbarung" gleich, denn bisher war Meditation im Westen eher Bestandteil des privaten oder verborgenen spirituellen Lebens hinter christlichen Klostermauern oder in der geheimen Tradition der jüdischen Kabbala verwurzelt gewesen.

Bei manchen Systemen ist es möglich, bis zu einem gewissen Grad zu üben, ohne sich mit seinem Hintergrund befassen zu müssen. Meditation – sofern man sich ernsthaft in ihr übt – ist nämlich auch ohne einen übergeordneten Zusammenhang wirksam und wertvoll. Sofern für eine regelmäßige und kompetente Überprüfung und Anleitung gesorgt ist, ist jede Meditationspraxis adäquat und kann den Übenden ins Herz der Meditation führen. Dennoch steht außer Zweifel, daß religiöse, moralische und philosophische Konzepte den Meditierenden in der Führung eines guten Lebens unterstützen können.

Zum Teil sind die angebotenen Lehren jedoch lückenhaft, und andere – wie bereits in Kapitel 2 erwähnt – nennen sich zwar Meditation, sind es aber nicht. Das soll nicht bedeuten, daß jede Neuinterpretation einer Lehre oder jede neuartige Technik, die ohne religiöse Terminologie auskommt, falsch oder nicht nützlich ist. Das gilt insbesondere dann, wenn die Methode Streß reduzieren und der Entspannung dienen soll. Streßverminderung und Entspannung allein sind aber bei der Erweiterung des Bewußtseins nur von bedingtem Nutzen.

Man sollte sich darüber im klaren sein, daß die verschiedenen Methoden ihre Schwerpunkte unterschiedlich definieren. Manche wollen hauptsächlich Ruhe und Ausgeglichenheit fördern, andere konzentrieren sich vor allem auf innere Kraft, und wieder andere führen zu ekstatischen Zuständen. Es ist daher aufschlußreich, auf die allgemeine Terminologie und die Zielbeschreibung zu achten. Letztlich entscheidet man sich am besten für das System, das einen am meisten anzieht, aber man sollte bedenken, daß jede Zielbeschreibung immer nur Stückwerk und daher begrenzt ist. Es ist immer möglich, noch tiefer in das Wesen der Meditation einzutauchen, ganz gleich, welche Ebene oder welchen Zustand man bereits erreicht hat.

Wer keine Erfahrung mit Meditation hat, kann ihren Wert, die Feinheiten der Technik und ihre Auswirkungen unmöglich einschätzen, da intellektuelle Analyse oder Logik hier nicht weiterhelfen. Eine intelligente Bewertung ist höchstens dadurch möglich, daß man sich die Leute anschaut, die die entsprechende Meditationsform ausüben, und herausfindet, ob man die beschriebenen Ziele sympathisch findet. Wenn man eine Neigung zum Exotischen hat, ist Vorsicht angebracht, da dies möglicherweise mehr mit einer romantischen Veranlagung als mit der Suche nach Wahrheit zu tun hat. Man sollte sich auch gegenüber charismatischen Persönlichkeiten eine gewisse Skepsis bewahren, besonders, wenn sie uns stark anziehen.

Die Früchte einer Methode sind die Menschen, die sie hervorbringt. Dieser Punkt ist bei der Bewertung verschiedener Schulen und Meditationsformen besonders wichtig. Man sollte nicht darauf achten, wie nett die Leute sind, sondern darauf, wie sie ihr Leben führen, und auf ihre Bestrebungen, ihre Integrität und ihre Kraft. Dies sind weitaus aufschlußreichere Kriterien als verbal geäußerte Überzeugungen oder mitreißende Gefühle. Man sollte ein System nie aufgrund einiger weniger Menschen beurteilen, aber wenn man eine größere Gruppe betrachtet, bekommt man unter Umständen einen Hinweis auf die Wirkungsweise der Methode. Man erkennt aber mit Sicherheit, welche Art Menschen von dieser Methode angezogen werden. Das sollte man bedenken, bevor man sich festlegt.

Sobald man sich aber für ein System entschieden hat, wird Meditation zu einer Angelegenheit des intelligenten Vertrauens und der Selbstdisziplin. Der sogenannte „kritische Blick" verschleiert meistens nur die eigene Unfähigkeit, sich selbst und anderen zu vertrauen, und führt nirgendwo hin. Die von der Meditation herbeigeführten Veränderungen bedingen, daß man sich „von Herzen" einläßt und hingibt, was nicht gleichbedeutend mit Gutgläubigkeit ist und auch nicht heißt, seine Intelligenz mit dem Mantel an der Garderobe abzugeben. Es bedeutet vielmehr, die Intelligenz des Herzens zu entwickeln.

Man kann übrigens nicht ergründen, was Meditation wirklich ist, indem man an vielen verschiedenen Systemen schnuppert. Für Menschen, die ein System nach dem anderen ausprobieren, um eines zu finden, das alle ihre Erwartungen erfüllt, bleibt die Meditation eine Tür mit sieben Siegeln. Jede unverfälschte Technik kann uns weit bringen, aber es kostet viel Zeit und Engagement. Bevor man sich einer neuen Methode zuwendet, sollte man es sich sorgfältig und ernsthaft überlegen.

Lernen

Wozu braucht man einen Lehrer? Warum nicht einfach aus einem Buch lernen oder den eigenen Eingebungen folgen?

Meditation bildet den Geist aus und ist eine sehr anspruchsvolle Fertigkeit. Wie bei allen anderen Fähigkeiten, deren Ausbildung lange Zeit braucht, gibt es viele sinnvolle Gründe, Meditation von einem erfahrenen Lehrer zu lernen. Es selber zu versuchen und aus den eigenen Fehlern zu lernen, wenn bereits viel Wissen angesammelt worden ist und Lehrer vorhanden sind, ist

Zeitverschwendung und wenig erfolgversprechend. Wer versucht, sich die Meditation selbst beizubringen, interpretiert die dabei auftretenden Phänomene häufig falsch und nimmt schlechte Gewohnheiten an, die er selber nicht wahrnimmt und daher auch nicht korrigieren kann. Hat man aber erst einmal eine Angewohnheit angenommen, so wird man sie so schnell nicht wieder los und verhindert auf diese Weise seinen Fortschritt hin zu größerer Kompetenz.

Man entwickelt eine Fähigkeit nicht dadurch, daß man die Theorie und die wirksamen Prinzipien versteht. Sie muß in Fleisch und Blut übergehen, damit sie funktioniert, und dazu braucht man Zeit und Übung. Ungeachtet der eigenen Motivation ist die Existenz eines äußeren Anreizes, eines Ratgebers oder Helfers der wesentliche Faktor, durch den man das Ziel erreicht.

Erschwerend kommt für den Autodidakten noch hinzu, daß es sich bei der Meditation nicht um eine handwerkliche Fertigkeit, sondern um eine psychische handelt. Es gibt viele Umwege und Fallen auf dem Weg. Schließlich geht es um den Geist, den man wie den eigenen Hinterkopf nicht ohne äußere Hilfsmittel sehen kann. Außerdem macht man während der Meditationspraxis keine beständigen Fortschritte, die leicht zu erkennen sind und die uns verstärkt motivieren. Meint man aber, sie dennoch wahrzunehmen, befindet man sich höchstwahrscheinlich auf einem Irrweg. So kann man beispielsweise durchaus seine psychischen Kräfte stärken, ohne dabei sein Bewußtsein wirklich zu erweitern.

Jeder Mensch ist anders. Es gibt keine Formeln, mit denen man allgemeingültig festlegen könnte, was für den Einzelnen Fortschritt ist oder welche Voraussetzun-

gen erfüllt werden müssen, damit er den nächsten
Schritt machen kann. Kein Buch oder Biofeedback-Gerät
kann die Erfahrung eines Lehrers ersetzen oder einen Rat
geben, der den wahren Bedürfnissen des Einzelnen entspricht und absolut essentiell ist, damit er sich im Reich
des Bewußtseins zurechtfindet.

Lehren

Lehrer sind die Repräsentanten der jeweiligen Methode.
Es braucht wahrscheinlich einige Jahre, ehe man beurteilen kann, ob ein Lehrer die Philosophie oder Praxis,
die er verbal vertritt, auch tatsächlich verkörpert. Dennoch sollte ein fähiger Lehrer einem Anfänger ziemlich
bald eine Ahnung von der Qualität und der geistigen
Atmosphäre seiner Tradition vermitteln können. Allerdings sind großartige weltanschauliche Darlegungen
oder inspirierende Beschreibungen der Vorzüge des eigenen Systems beziehungsweise der tiefe Glauben an dessen Nutzen kein Beweis für seinen Wert.

Da die Meditation im Laufe der Zeit alle verborgenen
Probleme an den Tag bringt, hören viele anfangs begeisterte Meditierer aus dem einen oder anderen Grund
wieder auf, zu üben. Wenn sich jemand in einer Methode mehrere Jahre lang geübt hat, wie es bei einem guten
Lehrer der Fall sein sollte, dann wird das in seinem Leben
auch zum Ausdruck kommen – zum Guten oder zum
Schlechten. Die Fähigkeit, stabile persönliche Beziehungen langfristig aufrechtzuerhalten und seiner persönlichen und sozialen Verantwortung gerecht zu werden
sind beispielsweise positive Hinweise auf die Qualifikation eines Lehrers. Meditationslehrer, denen leicht zu

schmeicheln ist oder die schnell beleidigt sind, die Wert auf persönliche Anerkennung legen, finanziell nicht integer sind, immer ängstlich oder depressiv sind, geben eindeutige Hinweise auf ihre fehlende Qualifikation. Kriterien dieser Art sind weit wichtiger als der Versuch, das „Wesen" eines Lehrers einzuschätzen.

Dennoch ist Vertrauen in seine Kompetenz für eine erfolgreiche Meditationspraxis von entscheidender Bedeutung. Die Persönlichkeit ist letztlich nicht von großem Interesse. Man mag seinen Lehrer persönlich nicht besonders mögen, sollte aber dem, was er repräsentiert, vertrauen können und es respektieren. Wenn es sich um eine traditionelle Meditationsmethode handelt, verbindet man sich durch den Lehrer mit der Schule und der entsprechenden Tradition, und die Persönlichkeit des Lehrers ist dann viel unwichtiger als die Lehre. Bis man sich für eine bestimmte Methode entschieden hat, sollte man sich auf seinen Instinkt verlassen, wenn man Abneigung empfindet. Vorsicht ist auch bei charismatischen Lehrern geboten, die viel reden, aber nicht zuhören.

Nachdem man sich entschieden hat, mit einer bestimmten Meditationsmethode anzufangen, erhält man genaue Instruktionen. Die Übung sollte immer wieder überprüft und genau angeleitet werden, damit die auftauchenden Probleme – besonders die praktischen – gelöst werden können.

Ich möchte im folgenden einige praktische Ratschläge geben, die – von den Bewegungsmeditationen abgesehen – für jede Methode gelten. Aber auch für diese gelten die gleichen Prinzipien der inneren Haltung – zum Beispiel die notwendige Kontinuität. Und auch bestimmte Probleme werden bei jeder Methode auftauchen.

Ort und Zeit

Man sollte an einem ruhigen Ort meditieren, an dem man nicht gestört wird. Das ist zwar nicht immer möglich und auch nicht unbedingt erforderlich, ist aber dennoch eine große Hilfe. Sprechende oder singende Stimmen und laute Geräusche wie die eines Preßlufthammers lenken besonders ab. Gleichmäßige Hintergrundgeräusche wie Straßenverkehr oder die Stimmen von Menschen im Freien hingegen bereiten meist keine großen Schwierigkeiten. Wenn etwas die Aufmerksamkeit auf sich zieht, nimmt man es lediglich wahr und richtet sie anschließend wieder auf das Meditationsobjekt.

Das Unterbinden möglicher Störungen ist selbstverständlich sinnvoll. Wenn man sich zur Meditation zurückzieht, sollte man die anderen Mitglieder des Haushaltes bitten, daß sie uns – außer in Notfällen – während einer festgelegten Zeitspanne nicht stören. Anrufe sind beispielsweise selten wirklich dringend.

Manchmal wird empfohlen, den Meditationsplatz mit Dingen wie Räucherstäbchen, sanftem Licht oder einem besonderen Dekor zu schmücken und ihn so zu etwas Besonderem zu machen. Das kann zwar für einen beruhigenden Zustand förderlich sein, aber „seine Ruhe haben" ist nicht gleichbedeutend mit Meditation. Außerdem führt die Schönheit eines solchen Ortes ungewollt zu einer gewissen Abhängigkeit, weil andere Orte uns dann nicht in die richtige Stimmung versetzen können. Es geht beim Meditieren nicht um Stimmungen oder Gefühle. Ein Platz, an dem man häufig meditiert, bekommt im Laufe der Zeit eine eigene Ausstrahlung. Es ist angebracht, ihn so zu wählen, daß er eine gute Körperhaltung und die Konzentration fördert. Dazu bedarf es keiner speziellen Sinneseindrücke. Hintergrundmusik ist – wie ein Preßlufthammer – letztlich ein Faktor, den es zu überwinden gilt. Ein relativ ruhiger Raum; Licht, das nicht blendet, und ein passendes Kissen oder ein Stuhl sind ideal, auch wenn Meditation letztlich nicht von den Umständen abhängig ist. Flexibilität gehört zur Essenz der Meditation.

Es ist wichtig, täglich zu meditieren, wenn möglich zweimal. Tägliche Übung ist essentiell, damit die Kontinuität gewährleistet ist. Stundenlange Meditationen sind kein Ersatz für Tage, an denen man überhaupt nicht meditiert hat. Es untergräbt die Motivation, wenn man anfängt, unregelmäßig zu meditieren oder nur dann, wenn es uns gerade paßt und solange man Lust hat. Es ist vor allem anfangs von Vorteil, zu festgelegten Zeiten zu meditieren. Sonst besteht immer die Chance, daß im Kampf zwischen dem gefaßten Entschluß und der momentanen Laune die Stimmung siegt, da sie den direkteren Einfluß hat.

Da der Wille sich nicht mit brutaler Macht durchsetzen soll, ist es eher eine Frage der richtigen Strategie, den einmal gefaßten Entschluß auch auszuführen. Wenn man sich optimale Umstände schaffen will, nutzt man am besten seine natürlichen Rhythmen und Gewohnheitsmuster. Wenn möglich, sollte man dann meditieren, wenn man relativ wachsam ist, das heißt, möglichst nicht nach den Mahlzeiten, da der Körper sich während dieser Zeit mit der Verdauung beschäftigt. Alkohol und Drogen verhindern die Meditation. Es ist schwer, trotz großer Müdigkeit zu meditieren, aber der Versuch ist immer noch besser, als seine Müdigkeit als Entschuldigung zu nutzen und es ganz zu lassen.

Wenn es unmöglich zu sein scheint, Zeit für die Meditation zu finden, sollte man seine Beweggründe und seinen Willen noch einmal überprüfen. Ganz gleich, wie beschäftigt jemand ist, ist es immer möglich, Zeit für die Meditation zu finden, wenn man dies wirklich will. Das kann natürlich bedeuten, eine halbe Stunde früher aufzustehen; in der Pause in eine nahegelegene Kirche zu gehen; kleine Kinder in ihr Spielzimmer zu schicken und ihnen einzuschärfen, so lange zu spielen, bis man wieder auftaucht; das entspannende Glas Sherry vor dem Abendessen auszulassen; Fernsehsendungen zu verpassen; sich zu zwingen, weniger zu arbeiten; seine Prioritäten und Gewohnheiten zu überprüfen.

Es ist ein wichtiger Aspekt der Selbstdisziplin, die vorgeschriebene Meditationsdauer einzuhalten. Es gefährdet den langfristigen Erfolg, früher aufzuhören, wenn es uns schwerfällt, oder länger zu meditieren, wenn es angenehm ist, denn wenn man sich gehen läßt, stärkt man lediglich das Ego.

Körperhaltung

Die verschiedenen Traditionen empfehlen unterschiedliche Körperhaltungen – auf einem Stuhl oder auf den Knien, im Schneider- oder Lotossitz –, aber alle fordern einen geraden Rücken. Die unterschiedlichen Methoden, die Beine zu kreuzen oder die Hände zu halten, die bis zu einem gewissen Grad Einfluß auf Gefühl und Gleichgewicht haben, sind bisweilen so kompliziert, daß sie an Aberglauben grenzen. Wesentlich ist jedoch, daß der Körper sich im Gleichgewicht befindet, so daß nur wenig Kraftaufwand erforderlich ist, um die Haltung beizubehalten. Das erleichtert auch eine optimale Atmung. Gute Haltung und leichte Atmung halten den Energieaufwand gering und fördern so Achtsamkeit und Konzentration. Die Körperhaltung sollte nicht zum Einschlafen ermuntern, aber es gibt keinen Grund dafür, eine unbequeme Haltung einzunehmen. Im Gegenteil: Der Körper sollte entspannt sein, da Verspannungen die Meditation nur erschweren. Eine Haltung, die die Muskulatur – besonders die des Nackens – nicht anstrengt und in der man längere Zeit still sitzen kann, ist optimal, auch wenn sie zunächst ungewohnt sein mag. Im Sitzen mit gekreuzten Beinen findet der Körper sein natürliches Gleichgewicht, wobei sich das Rückgrat selbst stützt und der Körper kaum belastet wird. Allerdings stammen diese Körperhaltungen aus dem Osten, wo man es ohnehin gewohnt ist, auf diese Weise zu sitzen. Diese Haltung ist jedoch nicht besser als andere, und man kann das erforderliche Gleichgewicht auch auf einem harten Stuhl mit gerader Rückenlehne erreichen, dessen Sitzhöhe man gegebenenfalls mit einem kleinen Schemel (wenn er zu hoch ist) oder einem Sitzkissen (wenn er zu niedrig ist) der eigenen Beinlänge anpassen kann.

Die Körperhaltung ist wichtig und sollte deshalb regelmäßig überprüft werden. Das gehört zur Aufgabe eines Lehrers. Da sich schlechte Haltungsgewohnheiten leicht einschleichen können, braucht man manchmal einen Menschen, der die gerunzelte Stirn, den runden Rücken oder die hochgezogenen Schultern bemerkt. Diese Gewohnheiten haben immer auch eine innerliche Entsprechung.

Die Kleidung sollte selbstverständlich den Anforderungen entsprechen. Man merkt recht schnell, wie enge

Kleidung wirkt, vor allem im Bauch- und Kniebereich. Der „gesunde Menschenverstand" ist übrigens in bezug auf die körperlichen Aspekte der Meditation ein ausgezeichneter Ratgeber.

Probleme

Das am häufigsten auftauchende Problem beim Meditieren lautet in etwa wie folgt: „Ich werde oft von mentalem Geschwätz, Gedanken, Tagträumen, Erinnerungen oder Plänen abgelenkt. Mir ist klar, daß ich das Meditationsobjekt die ganze Zeit vor Augen haben sollte, aber das ist mir, von einigen wenigen Augenblicken abgesehen, unmöglich." Manche Methoden befassen sich ausführlich mit den unterschiedlichsten Formen der Ablenkung und haben für jede einzelne einen Ratschlag parat.

Ich möchte hier nur eine kurze Übersicht geben. Erstens handelt es sich um eine ganz gewöhnliche Situation, die keineswegs bedeutet, daß man sich nicht für Meditation eignet oder schlecht meditiert. Es gehört ganz einfach dazu, wenn man sich selbst und seinen Geist besser kennenlernt. Das gilt übrigens für alle inneren Ablenkungen oder Zustände, die bei der Meditation auftauchen. Stetiges Üben ist eine große Hilfe beim Umgang mit Ablenkungen.

Vielleicht ist der beste Rat der, den Geist nicht in einen Kriegsschauplatz zu verwandeln. Innere Ablenkungen sind Teil des Prozesses; man lernt aus dem Umgang mit ihnen. Mit der wachsenden Fähigkeit, sie einfach auftauchen zu sehen und sie wieder loszulassen, wächst etwas heran. Man wird immer weniger von diesem Vorgang vereinnahmt und identifiziert sich weniger damit, und abgesehen davon haben diese Ablenkungen oftmals einen Grund. Man kann sie nicht wirklich unterdrücken. Gelingt es vorübergehend, tauchen sie einen Moment später erneut auf. Außerdem hat Meditation nichts mit Unterdrückung oder Verdrängung zu tun. Wenn Ablenkungen auftauchen, ist es meistens möglich, sie in die Meditation einzubeziehen. Dann befaßt sich das Instrument mit ihnen, das am besten für den Umgang mit Ablenkungen geeignet ist: die bewußte Aufmerksamkeit, die weder urteilt noch analysiert oder sich mit irgend etwas identifiziert. Meistens löst sich die Ablenkung dann auf.

Mit spezifischen Problemen sollte sich der Meditationslehrer befassen. Selbst wenn sie scheinbar einzigartig und schier unüberwindlich zu sein scheinen, hat fast jeder Meditierer vergleichbare Schwierigkeiten. Dazu gehören die schon erwähnten Ablenkungen, fremdartige und faszinierende Erfahrungen, bezaubernde und enttäuschende Bewußtseinszustände, Frustration und Unsicherheit, Juckreiz und Schmerz.

Natürlich gibt es Probleme, die mit den speziellen Eigenarten eines Menschen zu tun haben, aber wenn man bedenkt, daß Meditation seit Tausenden von Jahren ausgeübt wird, so kann man getrost davon ausgehen, daß auch diese Probleme schon zahllose Male aufgetreten sein dürften und überwunden worden sind. Wer meditiert, tut das nie allein. Mit ihm versuchen viele andere, „Blei in Gold" zu verwandeln. Jeder Meditierende ist Mitglied einer Jahrtausende alten Gemeinschaft der Meditierenden, zu deren Erkenntnissen auch gehört, daß es kein Problem gibt, das sich nicht in Wissen verwandeln ließe.

5
Veränderungen durch Meditation

Wer längere Zeit regelmäßig meditiert, für den wird es zur Gewohnheit. Eine Gewohnheit ist ein unbewußt ablaufendes Programm. Es kann Vorteile, allerdings auch Nachteile haben. Die meisten Gewohnheiten entstehen aufgrund bestimmter Umstände und ohne bewußte Absicht und wirken auch dann noch, wenn man sie beseitigen könnte oder sollte. Man kann sich Gewohnheiten allerdings auch bewußt zulegen.

Die erste Phase der Meditationspraxis ist beendet, wenn das regelmäßige Meditieren zur Gewohnheit geworden ist. Es kostet dann keine Mühe mehr, sich daran zu erinnern, zu meditieren, und die Meditation ist dermaßen ins Leben integriert, daß man sie vermißt, wenn man, aus welchen Gründen auch immer, einmal nicht meditiert. Es ist zur Gewohnheit geworden, bewußter zu sein, was auf der unbewußten Ebene zu einer Umstrukturierung führt.

Diese Umstrukturierung hat tiefgreifende Folgen. Sie läuft unbewußt ab, da der Meditierende nicht weiß, was eigentlich neu strukturiert wird. Lediglich der Rahmen, in dem dieser Prozeß stattfindet, der zu einer neuen Ganzheit führt, zu einer Einheit auf einer höheren Ebene, ist Sache des Bewußtseins. Unsere Persönlichkeit und unsere Fähigkeiten werden Teil einer übergeordneten Struktur von größerer Stabilität und Funktionalität.

Die Umstrukturierung der Psyche

Ist der geistige Assoziationsprozeß erst einmal unterbrochen, strukturiert sich die Welt, in der wir leben, neu. Jeder Mensch lebt in einer von ihm selbst erschaffenen Welt, die von den gewohnheitsmäßig ablaufenden Mustern aus Gedanken und Gefühlen aufrechterhalten wird. Unser psychisches System nimmt zwar ständig neue Informationen auf, aber diese werden sofort in bereits existierende Strukturen eingeordnet. Diese Struktur, die wir in der Zeit von der Kindheit bis ins Erwachsenenalter entwickelt haben, steht in enger Wechselwirkung mit dem Grundmuster unseres Temperaments, und nur ein außerordentlich einschneidendes Ereignis kann sie wirklich ändern. Eine überraschend originelle Idee mit weitreichenden Konsequenzen oder eine machtvolle, gefühlsbeladene Erkenntnis kann zwar die eine oder andere Wand einreißen und die Gesamtstruktur ein wenig modifizieren, aber sobald das normale Reaktionsmuster wieder die Kontrolle übernimmt, wird die leicht abgeänderte Struktur weiter gefestigt. Regelmäßiges Meditieren hingegen unterminiert das Monopol des Verstandes über das Bewußtsein, und die allmähliche, umfassende Umstrukturierung ermöglicht wirkliche Veränderungen.

Indem wir ein umfassenderes, einfacheres Bewußtsein entwickeln, überwinden wir die Einschränkungen der Vorstellung dessen, was wir zu sein glauben, und ebnen damit der allmählichen und subtilen Transformation unserer psychischen und physischen Gesamtstruktur den Weg. Es geht darum, dem Wachstum unseres Wesens Raum zu verschaffen und es zu nähren. Zu den deutlich erkennbaren Zeichen dieses Wachstums gehören eine größere innere Ruhe und das Nichtverhaftetsein.

Nicht mehr verhaftet zu sein hat nichts mit Gleichgültigkeit zu tun, ist auch kein Mangel an Engagement und schon gar nicht der Versuch, den Dingen aus dem Weg zu gehen, wie viele meinen. Nichtverhaftetsein ist vielmehr die Befähigung, allen Ereignissen mit einer Einfachheit zu begegnen, die stabil und offen genug ist, um voll und ganz an jedem Geschehen teilzuhaben, ohne davon überwältigt zu werden. Unser Wesen wächst, wenn wir uns auf das Leben und seine Vielfalt einlassen. Die Kernfrage ist nur, auf welche Weise wir das tun.

Vielleicht läßt sich Nicht-Haften etwas genauer mit Nicht-Identifizieren umschreiben. Die meisten Probleme und Schwierigkeiten, mit denen wir es zu tun haben, haben wir selbst in die Welt gesetzt. Unsere Fähigkeit, uns vor der Ungewißheit zu fürchten und Sachen überzubewerten, gehört zu unseren weniger angenehmen Eigenschaften. Es kostet Mühe, sich von den Reaktionen und Wechselwirkungen zu lösen, mit denen sich der Verstand identifiziert und die uns normalerweise bei unserer Orientierung helfen. Wir haben die natürliche Neigung, uns mit erfreulichen Dingen zu identifizieren und die unerfreulichen abzulehnen, aber beide Verhaltensweisen entspringen unserer Identifikation mit diesen Dingen. Wenn wir ein beständigeres Selbst anstreben, brauchen wir eine einfachere, umfassendere Sichtweise, die nicht von den äußeren Umständen des Lebens beherrscht wird und uns wie ein Blatt im Wind mal hierhin und mal dorthin treibt. Eine beständigere Identität, die das Höchste ist, was wir anstreben können, wird mit Hilfe der Meditation möglich.

Die Meditation braucht viel Zeit, um ihre Wirkung auf die Psyche zu entfalten und läßt sich nicht unmittelbar beeinflussen. Wie bereits erwähnt, ist die von der Meditation in die Wege geleitete Umstrukturierung ein unbewußter Vorgang. Aber es gibt auch eine bewußte Komponente, die darin besteht, der Methode zu vertrauen, regelmäßig zu üben und keine Resultate zu erwarten. Die Psyche ordnet sich nur dann neu, wenn sich der kleine manipulative, unwissende und gierige Verstand nicht in den weit umfassenderen Umstrukturierungsprozeß der Psyche einmischt.

Natürlich lassen sich auch durch aktive Einmischung gewisse Resultate erreichen, aber auf diese Weise zwängt man dem unbekannten Potential lediglich seine eigenen, beschränkten Wünsche auf. Manchmal hat man das Gefühl, daß die gewünschten Wirkungen nicht schnell genug oder wie beabsichtigt erfolgen, und viele Menschen, die die Meditationspraxis mit großen Erwartungen begonnen haben, hören wieder damit auf, weil sie nicht das bekommen, was sie sich davon erhofft hatten. Wenn man ein bestimmtes Resultat anstrebt, wirkt sich das meist hinderlich aus. Es gibt keinen Grund, zu erwarten, daß man sich nach dem Meditieren ruhig und inspiriert fühlt – auch wenn das oft der Fall ist. Vielleicht sind die Meditationsübungen, die uns am schwierigsten vorkommen, auf lange Sicht die wichtigsten.

Meditation ist eine Sache der langfristigen Perspektive. Nach längerer Zeit werden sich zweifelsfrei dauerhafte Veränderungen einstellen, aber man wird nie sagen können, welcher Faktor oder welche Erfahrung diese Veränderung verursacht hat. Meditieren ist, als füge man einem Glas Wasser immer wieder geduldig ein paar Salzkörner hinzu. Auch wenn es lange dauert, so wird das Wasser eines Tages salzig schmecken.

Ego und Selbstgefühl

Das Selbstgefühl ist der vereinheitlichende Aspekt der inneren Struktur, der all die vielen Erfahrungen, die das Leben des Einzelnen ausmachen, zusammenführt. Hinter allem, was wir sehen, fühlen und dessen wir uns bewußt sind, ist ein „Ich", das sieht; ein „Ich", das hört und erkennt; ein „Ich", das entscheidet; ein „Ich", das fühlt und die Dinge der äußeren Welt manipuliert.

Meditation erfordert von Anfang an ein gut ausgeprägtes Selbstgefühl. Man braucht sich dessen nicht unbedingt bewußt zu sein, und man muß auch nicht „wissen, wer man ist" oder sein Wesen und seine Perspektiven klar und eindeutig erkennen können. Die Ahnung, daß eine sehr umfassende Integration möglich ist, ist lediglich ein „Empfinden", das hauptsächlich in Handlungen und im Verhalten zum Ausdruck kommt und sich im Wunsch nach Ganzwerdung zeigt. Ist ein solcher Fokus des Bewußtseins nicht vorhanden, flattert es unruhig hin und her, und es ist eher unwahrscheinlich, daß der Wunsch nach Meditation jemals auftaucht. Tritt er jedoch in Erscheinung, so verspürt man das Verlangen, ihn in sein Leben und Wesen zu integrieren.

Das Leben eines Menschen besteht meist aus vielen gegensätzlichen Fragmenten und unterschiedlichen Interessen, die die Aufmerksamkeit und Energie in vielerlei Richtungen lenken; aus Meinungen, die für sich genommen zwar sinnvoll erscheinen, aber zusammen keine einheitliche Haltung ergeben. Viele Menschen wissen nicht, was sie vom Leben wollen oder woran sie wirklich glauben. Wenn das Leben einheitlicher organisiert wird, bekommt es auch mehr Sinn. Starke Ambitionen oder ein ausgeprägtes und an einen bestimmten Wunsch gekoppeltes Selbstgefühl – etwas Bestimmtes durchzusetzen oder anerkannt zu werden – können das Leben eines Menschen einheitlicher machen.

Aber mit welchem Ziel? Wenn der einigende Impuls lediglich darauf hinausläuft, das Selbstgefühl durch mehr Erfolg, größere persönliche Macht und einen höheren Status zu stärken, werden die Resultate dem entsprechen. Man wird bestenfalls sein Ego stärken und einen gewissen Einfluß auf andere ausüben können. Von einer übergeordneten Warte aus betrachtet ist das kaum ein lohnenswertes Ziel.

Ein starkes Ego ist kein schlechter Ausgangspunkt für das Wachstum des Menschen, aber es ist nicht das Ziel, sondern nur der erste Schritt auf einem langen Weg. Ein zersplittertes Ego ist in jedem Bereich menschlicher Bemühungen hemmend. „Zersplitterte" Individuen sind im Grunde unsicher und verwenden eine Menge Energie darauf, Bestätigung, Lob oder Bewunderung zu ergattern. Die meisten Neurosen sind Symptome der Unsicherheit auf dieser elementaren Ebene des Ego. Ein gesundes Ego hingegen ist integriert und selbstsicher genug, Projekte auszuführen und Verantwortung zu übernehmen. Es ist sich seiner selbst sicher genug und braucht nicht andauernd Bestätigung und Lob. Dadurch ist ein solches Ego in der Lage, einen Sinn im Leben zu suchen, der außerhalb seiner selbst zu finden ist. Ein gesundes Ego ist die Grundlage wirklicher Reife, egal welchem Persönlichkeitstypus man angehört.

Manche Philosophen scheinen die Beseitigung des Ego für entscheidend zu halten und betonen, wie wichtig es ist, das Ego aufzugeben. Ihnen zufolge ist das Ego ein Hindernis auf dem Weg zum Wachstum, ein Feind der Entwicklung. Diese Betrachtungsweise basiert jedoch auf einem falschen Verständnis mystischer Texte, in denen der Zustand der Einheit mit dem Göttlichen beschrieben wird. Das, was in einer fortgeschrittenen Phase der inneren Reise aufgegeben werden muß, ist nicht das, was wir „Ego" nennen. Viele fruchtlose Bemühungen auf dem Weg der Meditation beruhen auf diesem Mißverständnis.

Das Ego als Basis

Es ist hilfreich, sich klarzumachen, daß der Begriff „Ego" an sich nicht negativ ist. Das Ego wird lediglich dann zum Hindernis, wenn es die Aufgaben des umfassenderen Ichs an sich reißt, und wenn es regiert, statt zu dienen. Das Ego und die Persönlichkeit sind Instrumente, mit denen wir die Beziehung zur äußeren Welt aufrechterhalten. Ohne sie könnten wir nur auf äußerst rudimentäre Art kommunizieren. Wenn man bei seinem Versuch, „spiritueller" zu werden, versucht, sein Ego oder seine Persönlichkeit zu eliminieren, wird man unfähig, sich ganz und wahrhaftig auf die Welt und andere Menschen einzulassen. Das Ego mit all seinen persönlichen Marotten muß nicht verleugnet, sondern lediglich auf seinen Platz verwiesen werden. Im Leben geht es ja schließlich nicht nur darum, das eigene Selbstwertgefühl zu stärken. Der Teil von uns, der das versteht, kann aufgrund dieser Einsicht wachsen und bewußter werden.

Wenn man mit der Meditation beginnt, nimmt zwar die Bedeutung des Ego ab, nicht aber das Ego an sich. Erfahrungen, in denen es sich nicht um die eigenen persönlichen Wünsche dreht, erlangen nun einen größeren Stellenwert. Vieles verändert sich langsam, aber nicht als direkte Auswirkung der Meditationspraxis. Diese scheint sogar lange Zeit keine sichtbare Folgen zu haben, weil sie sich auf der unbewußten Ebene entfaltet.

Die Meditation baut einen Kern auf, eine innere Stärke, die es uns auch ermöglicht, wenn nötig, gegen den Zeitgeist zu schwimmen. Der Übende wird immer mehr in die Lage versetzt, aus eigenem Antrieb zu handeln. Gleichzeitig wird es für ihn immer schwieriger, die äußeren Umstände für seine Probleme verantwortlich zu machen. Er kommt mehr und mehr zu der Überzeugung, daß er der Meister seines eigenen Schicksals ist und daß er für seine Handlungen und deren Folgen selbst verantwortlich ist.

Wenn man sich ruhig hinsetzt, wenn man sehr erregt ist und diese Erregung einen Moment lang loslassen kann und sich ganz der Meditation überläßt, kommt möglicherweise die Erkenntnis, daß man diese Situation direkt oder indirekt selbst herbeigeführt hat. Man erkennt es einen Augenblick lang mit absoluter Klarheit. Das ist eine Frucht des ordnenden Prozesses, zu dem uns Meditation verhilft. Man mag es wieder vergessen, aber nach und nach nimmt man eine unendlich lange Kette von Kausalitäten wahr und gelangt zu der Erkenntnis, daß jede Handlung Folgen zeitigt. Eine einfache Regel faßt das so zusammen: Jede Handlung hat eine Folge. Eine Handlung hat eine bestimmte Folge, eine andere wiederum eine andere.

Wenn wir nicht länger in den äußeren Umständen nach Ursachen suchen (zum Beispiel andere Menschen, Erziehung, Finanzen, die Gesellschaft, die falsche Einstellung anderer Menschen, Pech) und die Verantwortung für unser Leben übernehmen, wird es viel einfacher und es fällt uns leichter, konstruktive Veränderungen einzuleiten. Dies ist der Standpunkt der Integrität.

Moral

In dem Maß, in dem Meditation all die vereinzelten Aspekte der Psyche eint, werden übergeordnete Zusammenhänge zunehmend wichtiger. In diesem Prozeß nehmen auch moralische Konzepte ein ganz neues Gesicht an. Meditation schärft die Fähigkeit zur Einsicht und ändert damit die Art und Weise, wie man die Dinge betrachtet. Wenn man eine Weile meditiert, erkennt man Widersprüche in seiner Lebensweise; man sieht Unterschiede zwischen dem, was man zu glauben meint (den moralischen Wertvorstellungen), und dem, was man tatsächlich tut. So ist man zwar eigentlich der Meinung, daß Stehlen falsch ist, nutzt jedoch das Geschäftstelefon für private Anrufe, rechnet ein Abendessen mit Freunden über das Spesenkonto ab oder frisiert die Zahlen auf der Steuererklärung. Man kann zum Beispiel auch erkennen, daß das eigene Geschäft oder die Karriere auf einer Grundlage beruht, die einer unparteiischen und ehrlichen Prüfung nicht standhalten würde. Das wußte man natürlich schon vorher, aber jetzt fängt die Einsicht an, uns Schwierigkeiten zu bereiten. Was kann man tun? Je länger man meditiert, desto stärker treten solche Dinge zutage. Entweder hört man nun auf zu meditieren, oder man ändert die Situation.

Wir können die Vergangenheit nicht mehr ändern; schließlich hat sie uns zu dem gemacht, was wir heute sind. Wir können jedoch die Gegenwart verändern, indem wir die Regeln ändern, nach denen wir handeln, und uns dadurch eine andere Zukunft erschaffen. Dann bekommt die Vergangenheit immer weniger Einfluß auf unsere heutige Einstellung, und auf eine sehr reale Art und Weise ändern wir sie damit auch, da sie sich nicht mehr in unserem Wesen niederschlägt. Aber nur sehr bewußt ausgeführte Handlungen können die Vergangenheit ändern. Die östlichen Lehren nennen das „etwas ungetan machen" oder „Karma auflösen".

Haben wir erst einmal mit dieser Phase der Meditation begonnen, ist Moral nicht mehr Ausdruck konventioneller Ansprüche, sondern spiegelt das wider, was für uns persönlich relevant ist. So wird die Frage dringlicher: „Selbst wenn alle anderen es tun; ist es richtig, daß ich es auch tue?"

Wahre Moral erkennt man daran, daß sie einfach und ökonomisch ist. Unnötige Kompliziertheit hingegen ist ein Merkmal von Unehrlichkeit und Betrug. Hintergeht man zum Beispiel seinen Partner, so muß man lügen, um das zu verschleiern. Wenn die Situation anhält, sind im Laufe der Zeit immer neue Lügen notwendig, damit er nicht hinter die erste kommt. So wird alles immer komplizierter.

Vom Standpunkt einer echten Moral aus betrachtet ist es irrelevant, ob andere Menschen unsere Handlungen den konventionellen Werten gemäß für moralisch oder unmoralisch halten. Wahre Moral kommt nicht von außen. Einfache, machtvolle Handlungen basieren auf einem Verständnis moralischer Prinzipien, und beim Umgang mit den möglichen Folgen solcher Handlungen braucht man nicht viel Energie. Wahre Moral hat eine eigene Kraft und Wahrheit, die andere Menschen erkennen können. Man geht sparsamer mit seinen Kräften um, denn man braucht nicht viel Energie darauf zu verwenden, clever zu sein, Verstrickungen zu entwirren, sich über Ausrutscher zu ärgern, und man hat nicht das Gefühl, das Leben gerate außer Kontrolle und sei endlos kompliziert. Es ist einfacher, eine Steuererklärung ehrlich auszufüllen – auch wenn dies schmerzlich sein mag –, als zu lügen. Hinterher kann man sie in der Gewißheit vergessen, daß niemand darauf zurückkommen und uns in Verlegenheit bringen wird. Es ist weder notwendig noch möglich, alle Folgen einer Handlung vorauszusehen. Wägt man die moralische Qualität einer Handlung ab, braucht man lediglich zu prüfen, ob sie ökonomisch und einfach ist. Eine solche Handlung wird keine Folgen haben, mit denen man nicht auf die gleiche Weise umgehen kann. Für Fortschritte in der Meditationspraxis ist es unerläßlich, das Leben auf diese Art und Weise zu vereinfachen. Diese Einfachheit zeigt sich nicht darin, daß man nur noch braunen Reis und Nüsse ißt, sondern spiegelt sich in einer inneren Einstellung und einem Verhalten, das auch in einem geschäftigen, streßerfüllten Leben leicht aufrechtzuerhalten ist. Denn wenn aus dem Leben ein kompliziertes Chaos wird, ist es sehr schwierig, in sich zu ruhen. Aber gerade das ist die Grundlage jeglicher Meditation.

Anpassungen

Die Phase der Meditation, in der sich die Frage nach Anpassung stellt, ist schwierig. Sie ist eine Übergangsphase, in der man die Übung im Alltag etabliert und integriert hat, der Nutzen bereits offensichtlich geworden ist und alles recht vertraut zu sein scheint. Gerade in diesem Augenblick wird das Leben Probleme aufwerfen, die anscheinend nichts mit der Meditation zu tun haben, und Herausforderungen präsentieren, die eine Anpassung der Grundhaltung dem Leben gegenüber erforderlich machen. Auf der Basis des neu entwickelten inneren Fundaments entsteht langsam eine neue Identität. Dies ist eine Erfahrung, die Meditierende seit Jahrhunderten immer wieder machen.

Einige der Muster, nach denen sich dieser Wandel vollzieht, sehen allerdings auf den ersten Blick entmutigend aus, und es ist angebracht, auf einige Gefahren zu achten.

Es mag in dieser Phase nach außen hin so aussehen, als würde der Meditierende immer introvertierter und selbstbezogener. Das mag tatsächlich so sein, aber die weise Überprüfung durch einen erfahrenen Lehrer dürfte dieses Problem aus der Welt schaffen. In dieser Phase zeigt sich, wie bedeutsam Disziplin und wie wichtig ein Lehrer ist, der die Fallen auf dem Weg kennt und, falls nötig, Kurskorrekturen vorschlagen kann. Ansonsten läuft der Übende Gefahr, letztlich doch nur sein Ego zu stärken. Zum Teil ist die scheinbare Selbstbezogenheit in dieser Übergangsphase die Folge der vielen schwierigen Anpassungen, die angesichts wegfallender alter Werte erforderlich sind. Man fühlt sich bisweilen recht eigenartig, bis man neuen Boden unter den Füßen hat.

Das gilt auch für die persönlichen Beziehungen, ganz besonders dann, wenn der Übende sich auf eine Weise entwickelt, die seine alten Freunde nicht nachvollziehen können. Beziehungen, die auf Werten beruhen, die nun ihre Bedeutung verloren haben, müssen ihr Ende finden, aber wirklich tiefe Beziehungen überstehen solche Phasen nicht nur, sondern gehen gestärkt aus ihnen hervor. Auch neue Freundschaften entstehen auf der Grundlage der neuen Werte.

Manche Menschen mögen aufgrund ihrer falschen Vorstellung vom Nichtverhaftetsein befürchten, daß man ihnen weniger Sympathie entgegenbringen wird, daß sie weniger empfinden oder gar gefühllos werden könnten. Aber wer nicht mehr haftet oder festhält, tendiert genau in die entgegengesetzte Richtung. Weil der Egoismus weggefallen ist, kann sich das Herz nun so entfalten, wie es möchte. Manche Menschen werden sich in dieser Phase aufgrund ihrer Persönlichkeitsstruktur dennoch eher zurückziehen, solange die vielen inneren Anpassungsprozesse weitergehen. Sie haben wahrscheinlich sowieso keine Lust auf Trivialitäten, während sie ihr gesamtes Leben einer gründlichen Überprüfung unterziehen. Aber auch diese Phase geht vorüber, und es ist nicht unwahrscheinlich, daß Lust und Leidenschaft wiederkehren und das Leben zum ersten Mal wirklich interessant wird!

Je mehr das Leben zu einer Einheit wird, desto feinfühliger wird man für Sinn und Bedeutung. Der Sinn von Ereignissen wird nun immer offensichtlicher. Das Leben wird zwar durch diese wachsende Sensibilität reicher, aber es besteht auch die Gefahr, abergläubisch zu werden. Die Erkenntnis, daß es keine Zufälle gibt, kann dazu führen, daß jedem Ereignis eine enorme Bedeutung zugemessen wird – vor allem, wenn man sich selbst zu wichtig nimmt. Auf einmal ist die Welt voller geheimnisvoller Mächte und mysteriöser Botschaften. Ein Mensch, der die Dinge wieder ins rechte Licht rückt und einen Sinn für Humor hat, bietet uns Hilfe und Sicherheit, während man die Regeln des neuen Universums kennenlernt, in das uns nun Einblick gewährt wird.

6
Emotionales Wachstum und persönliche Macht

Resultate

Die Meditationspraxis führt unbestreitbar zu drei Resultaten: Ruhe, Macht und Einsicht. In diesen drei Aspekten spiegelt sich die Entwicklung der drei Seinsebenen wider. Ruhe ist ein körperliches Merkmal. Während der Meditation ändert sich die elektrochemische Aktivität des Gehirns, und es setzt sich nach und nach ein Muster durch, das zu einer immer größeren Ruhe befähigt. Man sieht die Dinge ausgewogener, hat mehr Energie und weniger Streß. Ich habe dieses Thema nur kurz skizziert, aber wer sich eingehender damit befassen möchte, kann sicherlich anderweitig genauere Informationen über die physiologische Seite der Meditation finden. Obwohl für viele Menschen die körperlichen Resultate ein wesentlicher Grund sind, mit der Meditation zu beginnen, so spielen diese nur eine vorbereitende Rolle und sind eigentlich die Grundlage für die weiteren Entwicklungen.

Einsicht ist eine Folge der Entwicklung unserer intellektuellen Fähigkeiten: Klarheit, Beobachtungsvermögen; die Fähigkeit, Zusammenhänge zu erkennen, sie einzuordnen, in ihrer Ganzheit zu erfassen und letztlich zu transzendieren. Einsicht manifestiert sich erstmals, wenn der Meditierende plötzlich fähig ist – unter Umständen nur für einige Momente –, die Inhalte der religiösen, mystischen und mythologischen Literatur zu verstehen, die ihm zuvor ein Rätsel waren. Das liegt daran, daß er nun die diesen Werken zugrundeliegende Erfahrung selbst gemacht hat. In dieser Hinsicht läßt sich die Meditation durch nichts ersetzen. Ich werde mich später noch näher mit diesem Thema befassen. Die Grundlage der Einsicht ist allerdings emotional. Wenn uns das Wesen unserer Gefühle klar geworden ist, verfügen wir auch über persönliche Macht. In diesem Kapitel möchte ich mich mit einigen Themen befassen, die für die emotionalen Aspekte der Meditationspraxis relevant sind. Wachstum im Bereich der Meditation ist immer eine Sache der Entscheidung. So kann man jahrelang meditieren, weil man lediglich Ruhe in sein Leben bringen will, und daher die in diesem Buch beschriebenen Veränderungen niemals erleben. Da dieses Buch aber ein Reiseführer der Meditation sein will, werde ich bestimmte Veränderungen und Wachstumsprozesse, die immer wieder auftauchen, beschreiben, auch wenn diese bei jedem Übenden in unterschiedlicher Form zutage treten, da jeder Mensch das Geheimnis der Existenz von seiner eigenen, einzigartigen Warte aus zu lösen versucht.

Leiden

Das Wachstum des Wesens geht nicht ohne oftmals schmerzhafte Veränderungen vor sich. Schmerz und Leiden sind manchmal unausweichlich, werden aber nicht immer positiv betrachtet und dazu genutzt, die Reifung und die Einsichtsfähigkeit zu fördern. Da Veränderungen unvermeidlich von Schwierigkeiten begleitet werden, sollte man lernen, so mit ihnen umzugehen, daß Leiden zu einem Ansporn für das eigene Wachstum wird.

Leid bewußt zu erleben heißt, es zu akzeptieren und damit zu arbeiten, sich nicht gehen zu lassen und der Negativität zu frönen, sich nicht als Opfer der Umstände oder als ohnmächtige Marionette in der Hand des „Schicksals" zu sehen. Wenn man erst einmal einer negativen Einstellung verfallen ist, wird sie schnell chronisch, und man kann die Botschaften, die uns das Leiden vermitteln kann, dann nicht mehr wahrnehmen. So wie der körperliche Schmerz ein Signal ist, ohne das man die Hand auf der heißen Herdplatte liegen lassen würde, so ist auch der emotionale Schmerz eine Botschaft, die eine Reaktion erfordert.

Schmerz und Veränderung sind unentwirrbar miteinander verbunden. Eine unerwartete Tragödie oder ein Verlust führen unweigerlich zu vielfältigen Veränderungen. Leiden läßt sich als Agent des Wandels betrachten, als Teil eines evolutionären Mechanismus. Meditation ist eine evolutionäre Kraft, bedient sich aber der Überzeugung und nicht der Gewalt. Wer sich für einen Transformationsprozeß wie Meditation entscheidet, der bleibt zwar nicht von den Schmerzen verschont, die jede Veränderung mit sich bringt, aber es ist durchaus möglich, daß ihm von außen kommende Schocks erspart bleiben, die ihn sonst dazu zwingen würden, sein Bewußtsein zu erweitern – wenn Bewußtseinswachstum unerläßlich für sein Wesen ist. Schließlich wird weniger Kraft benötigt, eine Schraube in ein vorgebohrtes Loch zu drehen.

Jeder Schmerz birgt in sich eine Chance, die wir zur Erweiterung unseres Verständnisses von uns selbst und dem Leben nutzen können, und er brennt die Beschränkungen unserer persönlichen Reaktionen und Schwächen aus uns heraus. Das mag zwar hart klingen, aber durch diese Betrachtungsweise wird Leiden nicht nur auf lange Sicht weniger schmerzhaft, sie gewährleistet auch, daß aus dem Kummer und der Frustration, die keinen von uns verschont, etwas Bedeutsames geschaffen wird.

Der emotionale Körper

Bewußt erlebtes Leiden fördert eine Reifung der Gefühle. Unsere Emotionen bilden eine Art „Körper", der wachsen kann oder auch nicht. Meditation fördert das Wachstum der Gefühle, weil sie auf diesen Körper einwirkt. Sie kreiert einen Fokus, an dem sich das neue Wachstum orientieren kann. Fokus heißt hier nicht Einschränkung, bedeutet nicht, sich ausschließlich auf einen Bereich zu konzentrieren, so wie man eine Idee, eine Überzeugung oder eine Weltanschauung zum Mittelpunkt seiner Aufmerksamkeit macht. Konzepte und Ideen legen unser Denken und Fühlen innerhalb eines bestimmten Rahmens fest, der meist von anderen stammt.

Der Fokus, der durch die Meditation entsteht, ist gewissermaßen leer und aus eben diesem Grund besonders wirksam. Statt uns mit fertigen Meinungen zu überhäufen, stellt die Meditation andauernd Fragen. Weil sie alle Werte und Bedeutungen hinterfragt, fordert sie den Übenden auf, immer mehr Fragen zu stellen, immer mehr zu verstehen, sein Gefühlsleben immer weiter zu vertiefen. Natürlich erhält der Meditierer auch Antworten; diese fördern das Wachstum seines Wesens aber nur, wenn sie aus eigener Erfahrung und Einsicht stammen.

Die Antworten anderer sind wie das Essen auf dem Nebentisch: Es mag interessant aussehen und möglicherweise den Appetit anregen, aber sättigen kann es nicht. Die Meditation setzt dem emotionalen Körper viele neue Gerichte vor und befähigt ihn, sie zu verdauen und in sich aufzunehmen. Durch die Übung wächst die Empfindungsfähigkeit, und wir fühlen mehr als zuvor. Das heißt nicht, daß wir nun in aller Öffentlichkeit anfangen zu weinen und zu unkontrollierbaren Ausbrüchen neigen, sondern, daß wir nun unsere Gefühle besser verstehen, sie leichter zulassen können und sie beherrschen, statt von ihnen beherrscht zu werden. Das Gefühl der Liebe beispielsweise hat viele verschiedene Formen, unter anderem destruktive, klammernde, sentimentale, ignorante und destabilisierende. Wie sich der Zustand, den man Liebe nennt, im Leben eines Menschen äußert, hängt davon ab, inwieweit er positive Gefühlszustände erkennen und erhalten kann.

Der „leere" Fokus der Meditation ist nicht wirklich leer, hat aber nichts mit Weltanschauung, Religion oder irgendeiner Ambition zu tun, durch die man dem Leben einen Sinn abgewinnt. Es erfordert Mut, sich einem Prozeß zu überlassen, dessen Kern man erst dann wirklich erfassen kann, wenn man zu ihm vorgedrungen ist. Worin dieser Kern besteht, läßt sich nicht ausdrücken oder näher definieren, da er keine andere Form als die der Meditation hat. Aber dieser Kern hat eine Wirkung. Er wirkt wie ein innerer Tempel, ein besonderer Raum, der allem Bedeutung und Macht verleiht.

Persönliche Macht

Daß man durch regelmäßiges Meditieren persönliche Macht entwickelt, mag nicht nur für Meditierende eine Überraschung sein. Deshalb sollten wir uns das Wesen persönlicher Macht näher ansehen.

Persönliche Macht hat nichts mit Gewalt zu tun. Rundes Holz in ein viereckiges Loch zu hämmern ist ebensowenig Ausdruck persönlicher Macht wie die Manipulation anderer Menschen.

Persönliche Macht ist ein Mittel, kein Zweck. Dampf, der aus einem Kessel mit kochendem Wasser aufsteigt, hat ziemlich viel Energie, ist aber so lange nutzlos, bis er für einen bestimmten Zweck verwendet wird, zum Beispiel als Antrieb für eine Dampfmaschine. Auf den Menschen bezogen bedeutet das, daß man wahre persönliche Macht am Zweck erkennen kann, dem sie dient.

Im allgemeinen wird Macht mit „Macht über andere" gleichgesetzt, aber eine solche Macht existiert nur, solange sie von diesen anderen verliehen wird. Was wären Macht und Charisma allein auf einer einsamen Insel wert?

Die Absicht lenkt und kanalisiert Energie und wandelt diese in persönliche Macht um, wobei mehr Energie produziert wird, solange der Prozeß ökonomisch und kontrolliert verläuft. Direktor in einem großen Unternehmen wird beispielsweise jemand werden, der die Energie der Mitarbeiter am besten lenken kann und über genügend Scharfsinn und Selbstdisziplin verfügt; also jemand, der die vorgegebenen Bedingungen auf ökonomische Weise kontrolliert und damit den Interessen des Unternehmens optimal dient. Seine Macht dient zunächst nur diesem Zweck, sie kann sich aber auch auf andere Lebensbereiche erstrecken – was allerdings nur selten der Fall ist.

Das Spektrum der Meditation ist wesentlich umfassender. Letztlich schließt Meditation alle Lebensbereiche ein und befähigt uns, jeder Situation machtvoll und angemessen zu begegnen. Die Frage der Macht ist sowohl eine Frage der Energie als auch des Willens. Im Grunde steigert Meditation die Energie, die uns für kreatives Handeln zur Verfügung steht, und sie schult und stärkt den Willen. Energie ist das Rohmaterial, der Wille ist der Kanal und das Brennglas. Da jeder von uns Tag für Tag mit dieser Problematik zu tun hat, lohnt es, sich noch näher damit zu befassen.

Energie und die Rolle von Eindrücken

Was ist „Energie"? Technisch kann man sie als „wirksame Kraft" definieren. Sowohl bei organischen als auch bei mechanischen Systemen werden Brennstoffe und Impulse aus der Außenwelt in Energie umgewandelt. Erst dann kann Energie als wirksame Kraft verwendet werden – bei einem Lebewesen unter anderem für den Erhalt und das Wachstum des Organismus. Ein etwaiger Überschuß steht für andere Aktivitäten zur Verfügung.

Der Brennstoff eines Organismus besteht aus Nahrung. Weil Meditation überflüssigen Streß eliminiert, der die Verdauung hemmt, wird die Umwandlung von Nahrung in Energie effizienter. Eine ruhige und ausgeglichene Lebensweise verringert darüber hinaus auch das Risiko, an einem Magengeschwür oder anderen chronischen Verdauungsbeschwerden zu erkranken. Es gibt kaum etwas, das Energie schneller und weniger effektiv verbrennt als streßbedingte Nervosität. Wer Streß verringert, setzt Energie für andere Aktivitäten frei.

Mit der Psyche verhält es sich nicht anders als mit dem Körper, nur besteht der Brennstoff hier aus Eindrücken. Unsere Sinne und die Atmung nehmen in ständiger Interaktion mit der Außenwelt Eindrücke auf. Experimente, bei denen die Versuchspersonen von äußeren Reizen abgeschnitten waren, haben gezeigt, daß die Psyche Ersatzreize produziert, sobald die Flut äußerer Eindrücke unterbrochen wird. Sie versucht – fast verzweifelt –, den Verlust von Reizen durch Halluzinationen wettzumachen. Meditation sorgt nicht nur dafür, daß die Verarbeitung und Integration von Eindrücken effizienter vonstatten geht, sie verbessert auch die Qualität der Eindrücke. Die bessere Integration und die Wahrnehmung feinerer Eindrücke führen zu einer Erhöhung der zur Verfügung stehenden Energie.

Der psychische Zustand bestimmt die Qualität der Eindrücke aus der Außenwelt. So reduzieren Depressionen und Langeweile die Zahl äußerer Eindrücke und sorgen auf diese Weise dafür, daß die negative Situation andauert. Es ist erstaunlich, wie sehr ein einfacher Spaziergang beleben kann, wenn man unter Monotonie oder Langeweile leidet. Die Bewegung verschafft dem Körper Energie, und die neuen Eindrücke versorgen den Geist mit frischer Nahrung. Man fühlt sich besser, ist fröhlicher, verspürt wieder mehr Interesse an den Dingen und ist mental ausgeglichener und kraftvoller. Ist man beim Spazierengehen allerdings völlig in seine Gedanken und in der inneren, depressiven Welt versunken, dringen nur wenige neue Eindrücke durch. Der belebende Effekt wird stark reduziert, und die Gefahr, überfahren zu werden, vergrößert sich dramatisch!

Eindrücke müssen nicht aufregend sein; alles, worauf das Auge fällt, kann ein Reiz sein. Es hängt vom Einzelnen ab, wieviel Material aufgenommen, verarbeitet und integriert wird und welche Qualität dieser Prozeß hat. Blickt man gelangweilt und depressiv in die Welt, haben nur die gröberen Eindrücke eine Chance, zu uns durchzudringen, ein wenig Interesse zu wecken und somit Energie zu erzeugen. Wenn sich direkt vor uns ein Auto überschlägt, kann uns das vorübergehend aufrütteln, aber alles andere wird uns in dieser Phase der depressiven Selbstbezogenheit kaum berühren. In diesem Zustand ist die Psyche so abgestumpft, daß sie immer gröbere und stärkere Reize braucht, um überhaupt stimuliert zu werden und Interesse an irgend etwas zu finden. Aus diesem Grund sind viele Menschen sensationslüstern, suchen die Gefahr oder nehmen Drogen. Dies scheint für sie der einzige Weg zu sein, ihr Interesse und damit ihre Energie zu wecken. Allerdings wird eine Psyche, die sich an solche Reize gewöhnt, auch von ihnen abhängig.

Der Gesamteffekt der Meditation besteht in zunehmender Wachheit und einer größeren Wahrnehmungsfähigkeit. Durch Klarheit, Sinn und Ruhe wird die Welt zu einem anderen Ort. Wir können mehr und feinere Eindrücke aufnehmen, an denen es uns früher mangelte, weil wir sie entweder abgewehrt haben oder weil sie vom inneren Lärm übertönt oder von der vorherrschenden Stimmung entstellt wurden.

Die Verbindung von Energie und Gefühlen

Für die meisten Menschen sind die Worte „Energie" und „Gefühl" nahezu austauschbar. Gefühle setzen uns in Bewegung; sie wirken wie eine Kraft. Immer, wenn Energie und Begeisterung ein Ziel haben, werden sie durch Gefühle in Bewegung gesetzt. Wenn wir uns genau ansehen, weshalb wir – abgesehen von den Dingen, die zum Überleben notwendig sind – überhaupt etwas tun, erkennen wir, daß wir dabei meistens von emotionalen Bedürfnissen motiviert werden. Im Bereich von Beziehung und Familie ist das Gefühlselement ganz offensichtlich. Der Unterschied zwischen einer Karriere und einem Job ist eine Sache des Gefühls, und auch der Wunsch nach Verbesserung seines gesellschaftlichen Status oder nach einer schöneren Wohnung oder mehr Sicherheit entspringen unserer Gefühlswelt. Gefühle geben dem Wunsch nach Meisterschaft, Höchstleistungen oder der reinen Freude am Können Auftrieb, ganz gleich, ob es sich dabei um Wissenschaft, Kunst oder Unterhaltung handelt, ob die Aktivität der Anregung oder Entspannung dient, ob das Konkurrenzdenken oder das Gemeinschaftserlebnis im Vordergrund steht. Selbst bei Religion, Ethik und anderen wertorientierten Bereichen geht es letztlich um die Befriedigung von Gefühlen.

Gefühle

Ich möchte an dieser Stelle näher darauf eingehen, was ich unter dem Begriff „Gefühl" verstehe. Gefühle sind nicht nur wirksame und motivierende Kräfte, sondern auch Energiezustände. Emotional wird der allgemeine Zustand eines Menschen genannt, wenn dieser von bestimmten Gefühlen dominiert wird. Andererseits verstehe ich darunter aber auch eher flüchtige Reaktionen, die andauernd ablaufen. Diese Gefühle sind meist die Folge unmittelbarer Sinneseindrücke. Hungergefühl und Kälteempfindung gehören ebenso dazu wie Lustgefühle, Sympathie und Antipathie, Anziehung und Ablehnung. Das Glücksgefühl, das sich aufgrund einer angenehmen Situation einstellt (die von den Sinnen und der Psyche „gemocht" und genossen wird), löst sich wieder auf, sobald die Situation vorbei ist. Dauert ein Gefühl, unabhängig von der jeweiligen Situation und den Ereignissen, jedoch an und prägt es sie sogar, dann haben wir es mit einem Zustand und nicht mit einer Reaktion zu tun. Handelt es sich also um ein dauerhaftes Gefühl, trifft eher der Begriff „Gefühlszustand" zu.

Die Worte „Freude" und „Spaß" werden meist gebraucht, als seien sie austauschbar, obwohl sie genaugenommen zwei unterschiedliche Situationen beschreiben. Es macht Spaß, zu baden oder auszugehen; Spaß ist etwas relativ Oberflächliches, während das Wort „Freude" die tieferen Momente des Lebens beschreibt, die weniger mit persönlichem Vergnügen zu tun haben und dauerhafter sind. Freude stellt sich bei der Geburt eines Kindes ein; man empfindet Freude beim Wiedersehen mit einem alten Freund; man freut sich über das Glück eines anderen; man erlebt Freude in der Religion, der Ästhetik, der Natur oder der Kunst. Gefühlszustände sind also eher dauerhafter Natur, auch wenn man sie nicht unbedingt ständig „fühlt". Gefühle hingegen sind Reaktionen auf wechselhafte Umstände; sie kommen und gehen.

Meine Insel der Stille

Sobald sich die Meditationspraxis auf unseren Gefühlszustand auswirkt, sind unsere emotionalen Reaktionen weniger willkürlich und verlieren gleichzeitig an Bedeutung. Sie beherrschen unsere Wahrnehmung und unsere Handlungen nicht mehr so stark wie zuvor. Die Gefühle, die nicht nur flüchtig, sondern häufig auch widersprüchlich sind, führen zu kurzsichtigen und nicht zu langfristig angemessenen Reaktionen und sind sehr ichbezogen. Obwohl sie sich wie Tyrannen aufführen, werden sie im Laufe der Entwicklung stabilerer Gefühlszustände überwunden. Im Prinzip wird jeder Zustand stabiler und damit intensiver, wenn man erkannt hat, daß man selbst für ihn verantwortlich ist. Wir können unsere Zustände selbst kreieren, statt sie uns von der Umwelt aufzwingen zu lassen. Dazu ist jedoch eine bewußte Anstrengung notwendig.

Negative Zustände wie chronische Unzufriedenheit, Frustration oder Depression kosten viel Energie. Deshalb verschwendet man, solange man unter der Herrschaft der Gefühle lebt, seine Energiereserven. Solange wir unser Wesen und unsere Identität mit jedem flüchtigen Gefühl, mit jeder momentanen Meinung und Reaktion gleichsetzen, werden wir andauernd hin und her gerissen. Dieses Auf und Ab, dieses ewige Durcheinander verbraucht die uns zur Verfügung stehende Energie. Außerdem muß man sich ständig bemühen, sich „zusammenzureißen", um eine halbwegs stabile Basis inmitten all der verschiedenen Einflüsse zu finden. Da bleibt wenig Energie für das Wachstum des Wesens. Wachstum benötigt Energie. Meditation wirkt auch dadurch, daß sie Energie aus einer normalerweise nicht verfügbaren Quelle anzapft und dem Übenden nach und nach eine gewisse Stabilität bringt. Dadurch erkennt er das Wesen seiner Gefühle deutlicher, und seine Fähigkeit, zu fühlen, wächst.

Wille

Mehr Energie und Antriebskraft sind nicht nur nutzlos, wenn sie ohne Orientierung und Anleitung bleiben, sie können sogar Gefahren mit sich bringen. Starke Energie, die nicht durch Selbstdisziplin gezähmt und kanalisiert wird, kann sowohl im eigenen Leben als auch in dem anderer Menschen Chaos verursachen. Daher betonen die großen Meditationslehren immer wieder, wie wichtig es ist, diszipliniert zu üben und Einsichtsvermögen und Verantwortungsbewußtsein zu entwickeln. Aus diesem Grund gehören Meditation und die fast immer mit moralischen Anforderungen ausgestatteten Religionen zusammen. Ohne Religion oder Morallehre kann Meditation durchaus gefährlich sein.

Ohne Wille ist kein Handeln möglich. Was aber ist der Wille? Vereinfacht gesagt: Der Wille sorgt – vor allem bei einem so langwierigen Prozeß wie der Meditation – dafür, daß man sein Ziel erreicht, ganz gleich, welchen Herausforderungen man auf dem Weg dorthin begegnet; ganz gleich, wie oft uns die Antriebskraft verloren geht. Wenn also die Anforderungen (zum Beispiel Selbstdisziplin) oder der Verlust der Begeisterung oder der Antriebskraft jemanden dazu veranlassen, seine Entscheidung zu revidieren, aufzugeben oder sich nicht mehr voll einzusetzen, war sein Wille, das Ziel zu erreichen, nicht genügend ausgeprägt.

Ist der Wille stark genug, wird er auch mit immer neuen und unvorhergesehenen Anforderungen zurechtkommen. Der Wille darf aber nicht rigide, er muß flexibel sein. Wille, wie er hier verstanden wird, ist keinesfalls nur ein starkes Verlangen oder eine Absicht. Er ist weit mehr als das und muß es auch sein, denn er hat einen mysteriösen Aspekt: Er kann nämlich Ereignisse in der sogenannten Außenwelt ändern. Wille ist Macht. Und er ist nicht immer bewußt; bewußter Wille entsteht erst in den späteren Phasen der Meditation, die wir hier nicht besprechen wollen. Aber auch wenn er nicht bewußt ist, so kann man ihn dennoch spüren oder seine Kraft wahrnehmen, wenn man auf vergangene Ereignisse zurückblickt.

Wenn man die den eigenen Erfolgen zugrundeliegenden Faktoren genauer untersucht, entdeckt man häufig eine bestimmte Absicht, die mit einem gewissen Einsatz verbunden ist, und vielleicht mit einem Quentchen „Glück". Das alles sind Anzeichen für den handelnden Willen. Echter Wille schafft sein eigenes Glück. Wie fast alle Aspekte der Psyche kann auch der Wille weiterentwickelt werden, wenn er bewußter wird. Wirkt der Wille mit der Kraft fein abgestimmter Gefühlszustände zusammen, so entsteht daraus persönliche Macht.

7
Meditation und Religion

Das Wesen der religiösen Triebkraft

In Kapitel 1 haben wir festgestellt, daß das instinktive Verlangen nach mehr Wissen und größerer Weisheit für das Überleben der menschlichen Gattung genauso wichtig ist wie das nach Befriedigung materieller Bedürfnisse. Dieser Instinkt, das menschliche Leben als Ganzes zu erhalten, findet seine Erfüllung unter anderem im universellen Phänomen der Religion, dessen spirituelle, moralische und soziale Aspekte emotionale Bedürfnisse befriedigen und dessen Struktur dem Gefühlsleben des Individuums Stabilität verleiht.

Will man das Wesen von Religion verstehen, muß man über die Unterschiede zwischen den Religionen hinwegsehen, die in verschiedenen Formulierungen und Formen zum Ausdruck kommen, und sich näher mit dem Bedürfnis befassen, das sie auf unterschiedliche Weise zu befriedigen suchen. Das heißt allerdings nicht, daß ich beabsichtige, die Religionen anhand ihrer Lehren oder ihrer Institutionen zu vergleichen oder zu bewerten. Durch Meditation entwickelt man vielmehr Verständnis und Respekt für die Essenz aller Religionen und erkennt die fundamentalen menschlichen Bedürfnisse, die sowohl in den Unterschieden als auch in den Gemeinsamkeiten zum Ausdruck kommen.

Diese Haltung ist jedoch kein Grund, sich nicht einer bestimmten Religionsgemeinschaft zugehörig zu fühlen. Meditation ergänzt Religion; sie vertieft das Verständnis für die Glaubensrichtung, der man angehört, und ist sicherlich keine Bedrohung für sie. Der Wert von Meditation hängt allerdings nicht davon ab, ob man einer Religion angehört oder nicht.

Religiöse Gefühle und Loyalität

In der modernen, westlichen Gesellschaft nimmt ein Großteil der Bevölkerung aus verschiedenen Gründen nicht mehr am religiösen Leben teil. Das liegt unter anderem daran, daß ein weitverbreitetes Desinteresse gegenüber religiösen Fragen herrscht; daß die vorherrschenden Gesellschaftsstrukturen die Religiosität nicht unterstützen; daß viele Menschen von den religiösen Institutionen enttäuscht sind; und manchmal ganz einfach daran, daß man keine Religion findet, die zu einem „paßt".

Dennoch würden viele Menschen ohne weiteres zugeben, religiöse Gefühle oder Interesse an Fragen nach dem Sinn des Lebens zu haben. Es fällt ihnen eigentlich nur schwer, dieses Gefühl angemessen auszudrücken, da sie in den traditionellen religiösen Institutionen keine Heimat mehr finden.

Die Religion hat zwei Gesichter. Das eine ist nach außen gewandt und gilt der Öffentlichkeit. Dazu gehören Gottesdienst, Dogmen, kulturelle Traditionen, die ethische und politische Rolle in der Gesellschaft und religiöse Institutionen. Das nach innen gewandte Gesicht ist die spirituelle Erfahrung des Individuums. Diese beiden Gesichter der Religion müssen unterschieden werden, da die Motive, die zu Ablehnung oder Annahme einer Religion führen, sowohl mit dem einen als auch mit dem anderen zu tun haben können. Aber die religiöse Triebkraft und das Gefühl für das, was einer Religion zugrundeliegt, gehört zum Wesen und nicht zur jeweiligen Form der Religion.

Diese Triebkraft ist nicht bei jedem Menschen gleich stark ausgeprägt. Von Geburt an werden wir in eine bestimmte Richtung gedrängt. Manche Menschen, die aus bestimmten Gründen mit einem Zuviel an Religion erzogen worden sind, rebellieren gegen die Aspekte, die ihnen nicht liegen. Menschen, die völlig ohne religiöse Weltanschauung aufwachsen und auch keinen Kontakt mit Menschen haben, die sich religiös betätigen, sind oft der Meinung, daß Religion nicht notwendig und daher für das Leben irrelevant sei. Wenn solche Menschen dann doch auf spirituelle Fragen stoßen, was durchaus geschieht, werden sie sich nicht anhand von religiösen Begriffen mit ihnen auseinandersetzen. Das heißt aber nicht, daß ihnen Spiritualität nicht wichtig ist und sie diesen Fragen nicht nachgehen. Bewußte Entscheidungen im Erwachsenenalter können jede frühkindliche Prägung überwinden.

Fragen nach dem Sinn des Lebens, die die Religionen zu beantworten versuchen, sind jedoch derart fundamental und universell, daß sich jeder Mensch, egal welcher Gesellschaftsform er angehören mag, irgendwann entscheiden muß, sie entweder zu ignorieren, sich ihnen hinzugeben oder sie solange unbeantwortet zu lassen, bis er sich für eine bestimmte Religion entschieden hat.

Bei dieser Entscheidung spielen zwei Faktoren eine wichtige Rolle: erstens die bereits erwähnte Prägung und zweitens das Vorhandensein religiöser Erfahrungen. Diese Faktoren beeinflussen sich wechselseitig. Ist man in der Kindheit nicht religiös erzogen worden, so wird man

die flüchtigen Momente großer Wachheit oder die un-
eingestandene Sehnsucht nach etwas Höherem ignorieren. Und selbst wenn man spirituelle Erfahrungen
macht, ist die Chance relativ gering, daß sie uns überzeugen werden. Nur sehr wenige Menschen werden in
ihrem Leben wie der Apostel Paulus auf der Straße nach
Damaskus von einem Licht aus dem Sattel geworfen,
dessen Kraft sie sich nicht entziehen können. Der Einfluß von Erfahrungen nimmt lediglich dann zu, wenn
man sie annimmt und integriert. Selbst wenn man immer wieder mit der Nase darauf gestoßen wird, so werden spirituelle Erlebnisse dennoch solange kein Teil der
bewußten Erfahrung werden, bis man sie angenommen
und aus ihnen gelernt hat – bis man ihnen Bedeutung
beimißt. Sich Erfahrungen zu öffnen, die der tieferen
Dimension der Religion Bedeutung geben, ist Sache der
bewußten Entscheidung. Die Fähigkeit, diese Bedeutung
zu erkennen, kann – je nachdem, wie die persönliche
Entscheidung ausgefallen ist – zu- oder abnehmen.

Die Beziehung zwischen Religion und Meditation

Sowohl Religion als auch Meditation geben dem Leben
einen Sinn. Für den religiösen Menschen hat die Glaubensgemeinschaft, der er angehört, eine ganz wesentliche Bedeutung. Sie gibt seinem Leben eine Ausrichtung
und einen Mittelpunkt, regelt sein persönliches Verhalten durch Normen und motiviert ihn, ein gutes Leben zu
führen. Darüber hinaus vermittelt sie ihm eine Struktur
und eine Sprache, durch die er alles, was ihm im Leben
widerfährt, verstehen und interpretieren kann. Die Reli-

gion gibt ihm einem stabilen Gefühlsrahmen, der auch kleinen Ereignissen und Handlungen Bedeutung zumißt und es ihm ermöglicht, selbst aus negativen Situationen zu lernen.

Meditation bewirkt zwar das Gleiche, unterscheidet sich aber durch das sinnlich erfahrbare Wissen des Einzelnen. Die Meditation erweitert die Fähigkeit, Sinn und Bedeutung wahrzunehmen, und macht den Weg für zunehmend tiefere Erfahrungen frei. Die Religion definiert das wichtigste Ziel des menschlichen Lebens und legt damit fest, was Sinn und Bedeutung hat: Gott zu dienen, Erleuchtung zu erlangen, sich dem Willen Allahs zu beugen oder dem Tao zu folgen. Die Meditation hingegen ermöglicht die Reise in das Reich des Göttlichen, in dem weder Vorstellungen noch Formulierungen weiterhelfen. In dieser Hinsicht unterscheiden sich Religion und Meditation. Allerdings sollte nicht vergessen werden, daß jede Religion Meditationsmethoden besitzt, die schon immer der Schlüssel zu spiritueller Erfahrung und Erkenntnis gewesen sind.

Früher betrachtete man Religion und Meditation als die beiden Seiten einer Münze. Das ist heute nicht mehr der Fall. Zumindest im Westen können wir uns für eine von vielen Religionen oder unzähligen Meditationstechniken entscheiden. Beide werden getrennt voneinander angeboten und dienen meist unterschiedlichen Zwecken, obwohl sich diese manchmal durchaus ähneln. So praktizieren heute Christen buddhistische Meditation, und Juden üben sich im Yoga. Diese Vermischung von Methoden ist bis zu einem gewissen Grad möglich und hängt davon ab, wie weit man sich auf ein System einlassen oder sich einer Religion anpassen will.

Meine Insel der Stille

Mit Hilfe von Religion und Meditation suchen die Menschen nach etwas, das ihrem Leben Sinn gibt. Selbst wenn man Meditation nur für ein Mittel hält, mehr Ruhe ins eigene Leben zu bringen und Streß abzubauen, so ist das doch ein Schritt in diese Richtung. Im Westen befinden wir uns inzwischen in einer ziemlich verwirrenden Lage, da uns eine Unmenge von Möglichkeiten und Ratgebern zur Verfügung stehen und wir von einer wahren Buchlawine zu diesem Thema überrollt werden. Jedes dieser Bücher bietet unterschiedliche Versionen der „Wahrheit" an; jeder der Autoren behauptet, über Autorität und Einsicht im spirituellen Bereich zu verfügen.

Letztlich können uns jedoch Antworten auf die fundamentalen Fragen des Lebens, die nicht aus eigener Erfahrung stammen, nicht wirklich befriedigen. Einsicht läßt sich nicht auf andere übertragen; lediglich die Methoden, um zur Einsicht zu gelangen, können vermittelt werden. Sowohl Religion als auch Meditation – gemeinsam oder getrennt – sind Hüter der traditionellen Wege, durch die man zur individuellen Verwirklichung gelangt. Es macht allerdings einen Unterschied, ob man die Meditation als eine unabhängige Methode betrachtet oder ob man sie in den größeren Rahmen einordnet, den die Religion bietet.

Die Rolle der Lehre

Meditationstechniken, die in einem religiösen Kontext vermittelt werden, haben meist den Zweck, das spirituelle Leben und das Verständnis des Einzelnen zu fördern. Sie funktionieren allerdings genauso gut, wenn sie nicht im Rahmen einer etablierten Glaubensgemeinschaft gelehrt werden. Meditation ist nicht von religiöser Terminologie abhängig und braucht keine vorgefaßten Formulierungen, um Erfahrungen ins Bewußtsein zu integrieren, weil die Wahrnehmung von Sinn und Bedeutung, die durch die Meditation gefördert wird, auf nichts fixiert und daher offen ist. Bei der Entwicklung von Einsicht und Verständnis gelangt man irgendwann an einen Punkt, an dem es ganz wesentlich ist, jegliches Formulieren zurückzulassen, da dieses die unmittelbare Erfahrung blockiert.

Die Wiederentdeckung des Göttlichen ist eine wahrhaft kreative Erfahrung. Diese Erfahrung ist neu, frisch wie Quellwasser und bestätigt unter Umständen – aber nicht notwendigerweise –, was andere Menschen bereits gesehen und beschrieben haben. Hat man eine Vorliebe für bestimmte Erwartungen und Vorstellungen, so wird man seine Erfahrungen sicherlich im Kontext dieser Begriffe sehen und vorhandene Formulierungen bestätigt finden. Das kann allerdings die erreichbare Tiefe und Fülle der Erfahrung einschränken und so letztlich das kreative Element der Erfahrung des Göttlichen blockieren.

Alle Religionen haben ein starkes Interesse daran, ihre jeweiligen Formulierungen und Auffassungen über die Realität des Göttlichen aufrechtzuerhalten, da ihr gesamtes Lehrgebäude von dieser Betrachtungsweise abhängig ist. Religionen lassen sich aufgrund ihrer Aussagen in Form von Dogmen und Symbolen charakterisieren und unterscheiden, und um aus tiefstem Herzen zu glauben, ist es nicht notwendig, diese Glaubenssätze anhand der eigenen Erfahrung zu überprüfen. Religion ist, anders als Meditation, auch Gemeinschaft und Gemeinde. Sie verdankt ihren Zusammenhalt einem festgelegten Rahmen, innerhalb dessen alle Anhänger das Göttliche und ihre Beziehung zu ihm auf die gleiche Weise verstehen. Eine derartige Gemeinschaft erfordert Organisation und einen institutionellen Rahmen. Institutionen operieren als Interessenvertretung innerhalb der jeweiligen Gesellschaft und spielen eine soziale Rolle, die häufig auch politische Dimensionen hat. In der Folge entsteht ein manchmal verwirrendes Gemisch aus spirituellen, sozialen und politischen Interessen. Da Meditation aber von keinem Lehrgebäude abhängig ist und eine Methode zur Verwirklichung des Einzelnen ist, orientiert sie sich an dem, was alle Traditionen eint.

Vertrauen und Glaube

Vertrauen spielt sowohl in der Religion als auch in der Meditation eine wichtige Rolle. Vertrauen ist eine Sache des Herzens und im Gegensatz zum Glauben eine emotionale Einstellung, die recht offen sein kann und im Gegensatz zum Glauben nicht davon ausgeht, daß sie letztlich die höchste Wahrheit kennt. Vertrauen und Glaube können in vielen Entwicklungsphasen des religiösen Verständnisses Seite an Seite existieren, sind aber nicht dasselbe. Vertrauen ist dynamischer als die unveränderlich festgelegten Antworten des Glaubens; man kann Vertrauen als positive Einstellung bewußt annehmen und bewußt aufrechterhalten, ohne daß man sich damit auf unveränderliche Wahrheiten festlegen muß. Vertrauen hält auch einer eingehenden Hinterfragung stand und kann existierende Überzeugungen und Zweifel auflösen. In schwierigen Zeiten stärkt das Vertrauen den

Willen. Das Fundament des Vertrauens ist das Erahnen von Möglichkeiten, die verwirklicht werden können. Das Vertrauen entspringt also einem Empfinden für Dinge, die erkannt werden können, und es motiviert uns, weiterhin für Erkenntnisse offen zu bleiben. Der Glaube hingegen hält bestimmte Dinge für wahr, ohne dafür einen Beweis zu haben, eine persönliche Erfahrung gemacht zu haben oder sie gar verstehen zu müssen. Wenn man etwas erfahren oder bewiesen hat, muß man nicht mehr glauben, weil man jetzt weiß. Der Glaube erfordert kein Wachstum des Wesens und führt auch nicht dazu. Das Gegenteil ist der Fall: Unanfechtbare religiöse Überzeugungen führen sehr leicht zu Fanatismus und Fundamentalismus.

Das spirituelle Leben des Einzelnen

Im Kern einer jeden Religion finden sich Methoden, die das religiöse Leben und Erleben des Individuums fördern sollen, darunter meistens auch eine Form der Meditation. Religion befaßt sich mit der Beziehung des Menschen zum Göttlichen, und die Fähigkeit, diese Verbindung herzustellen und aufrechtzuerhalten, wohnt nur der Psyche des Individuums inne. Auch der gemeinschaftliche Gottesdienst dient eigentlich nur dazu, dem Einzelnen die Beziehung zum Urquell der Religion, dem Göttlichen, zu ermöglichen. Religiöse Rituale haben den Zweck, den kollektiven Willen in einer symbolischen Handlung auszudrücken.

Manche religiöse Institutionen machen ihre soziale Rolle, ihre Interpretation der Lehre und deren Anwendung auf soziale und politische Fragen und die auf ihrer

Interpretation gegründete Moral zu ihrem Hauptanliegen. Derartige Religionen schreiben den Gläubigen nicht nur vor, wie sie sich zu verhalten haben, sondern auch, wie sie über bestimmte Dinge, die ihr Leben und die Gesellschaft betreffen, zu denken haben. Eine solche Religion ist dem Wesen der Meditation diametral entgegengesetzt. Meditation ist Sache des Einzelnen. Sein Verhalten und seine Einstellung können sich durch Meditation durchaus wandeln, aber nur infolge einer persönlichen Erkenntnis. Wenn die religiösen Führer ihre wichtigste Aufgabe aus den Augen verlieren, nämlich die Beziehung des Einzelnen zum Göttlichen durch die Bereitstellung entsprechender Methoden zu fördern, dann ist die Grundlage ihrer Religion ernsthaft bedroht.

Eine Religion kann den unerläßlichen Kontakt zur spirituellen Quelle nur über das Individuum herstellen und aufrechterhalten. Das spirituelle Leben des Einzelnen wächst durch die eigenen Bemühungen und durch die Anwendung von Methoden, die ihm helfen, seine psychische Trägheit zu überwinden, die einer Weiterentwicklung eigener, tieferer Erfahrungen im Wege steht.

Die Religion verfügt über drei derartige Methoden. Zu diesen gehören zunächst einmal private Übungen wie Fasten, Abstinenz, regelmäßige Gebetszeiten und die Teilnahme an kollektiven Ritualen, deren Bedeutung vom Ausmaß der Aufmerksamkeit abhängig ist, mit der man sich ihnen widmet. Auch für Menschen, die kaum religiöse Gefühle oder Interessen haben, bestätigen diese Praktiken ihre Zugehörigkeit zu einer Glaubensgemeinschaft und stärken die kollektive Identität. Für andere Menschen beleben sie das religiöse Gefühl und festigen es. Für sich allein genommen führen diese Praktiken jedoch weder zu religiösem Wachstum noch zu einer Vertiefung des spirituellen Verständnisses. Die zweite Methode, das religiöse Leben zu vertiefen, ist das Gebet. Da wir uns bereits eingehend mit der dritten Methode, der Meditation, befaßt haben, mag an dieser Stelle ein näherer Blick auf das Gebet von Interesse sein.

Das Gebet

Beten öffnet das Herz und richtet die emotionale Energie auf etwas, das größer ist als der Betende. Es lassen sich drei Grundformen des Gebetes unterscheiden.

Das assoziative Gebet

Bei dieser Gebetsform sind Worte wichtig. Alle Arten, mit Gott zu „reden", gehören ebenso dazu wie die Fürbitte. Nicht jeder formuliert es so eindeutig: „Lieber Gott, bitte schenke mit ein Fahrrad zum Geburtstag", aber ganz gleich, ob man um einen Gegenstand, einen Vorteil oder eine Eigenschaft bittet, diese Form des Betens gehört immer in den Bereich der Fürbitte. Man kann etwas für sich selbst oder für andere erbitten; man kann Kraft, Heilung oder Frieden erflehen oder auch die Fähigkeit, Gott mehr zu lieben und ihm besser zu dienen. Aber unabhängig davon, welchen Inhalt das Gebet hat, seine Wirkung besteht darin, das Herz nach außen zu kehren und eine Beziehung zwischen dem Betenden und dem Göttlichen herzustellen. So gesehen hat ein solches Gebet immer Erfolg. Manchmal erhält man sogar das erbetene Objekt, wenn das Gebet „erhört" wird (womit ich mich allerdings an dieser Stelle nicht näher befassen möchte). Die Fürbitte enthält immer persönliche Emotionen und Assoziationen.

Das assoziative Gebet kann spontan erfolgen, es kann vom Betenden selbst formuliert oder vorgegeben sein. Auch das Maß an bewußter Aufmerksamkeit, das man dabei aufbringt, unterscheidet sich von Mal zu Mal und von Mensch zu Mensch. Mit einem mechanisch heruntergeleierten Gebet zeigt man höchstens, daß man beabsichtigt zu beten, und hält damit seine religiöse Identität aufrecht, aber darüber hinaus hat es keine Wirkung. Gebete, bei denen man über die Bedeutung der Worte nachdenkt und sie ehrlich meint, sind natürlich eine bessere Nahrung für das religiöse Leben. Dennoch sind beide Formen des Gebetes assoziativ, das heißt, die normale Tätigkeit des Gehirns wird genutzt, um sich mit dem Göttlichen zu verbinden. Es ist ein Gebet der Beziehung, das ein vom Betenden getrenntes göttliches Wesen voraussetzt. Für das assoziative Gebet ist es nötig, Gott zu personifizieren.

Das Sinngebet

Diese Art von Gebet geht einen Schritt weiter, über den Bereich der Assoziationen hinaus, hin zu Bedeutung und Sinn. Auf dieser Ebene sind Worte nicht so wichtig, das Gebet ist eher formlos, und die eigene Person spielt eine geringere Rolle. Die Worte werden zu einer permanenten Litanei, mit der Absicht und Richtung des Gebetes aufrechterhalten werden, während man sich entweder den „dahinter" liegenden Bildern emotionaler Bedeutung widmet oder einer Stille, in der eine Art umfassender Sinn herrscht. Zu diesen Gebeten werden die Lobpreisungen gerechnet, die das Göttliche und die göttlichen Attribute preisen und die Dankbarkeit des Betenden ausdrücken.

Gesänge, liturgische und kollektive Gebete funktionieren auf diese Weise, und jedes weit verbreitete Gebet kann verwendet werden. Das christliche „Vaterunser" beispielsweise läßt sich assoziativ verwenden, indem man über die Bedeutung der Worte nachdenkt, oder man kann es auf eine Art sprechen, die das Gebet in seiner Gesamtheit wahrnimmt, und sich die Bedeutung des Gebets als Ganzes vor Augen halten. Obwohl in beiden Fällen den Worten wenig Aufmerksamkeit geschenkt wird, unterscheidet sich letzteres dadurch vom mechanischen Aufsagen, daß es eine beachtliche Anstrengung erfordert, dabei die Bewußtheit aufrechtzuerhalten. Diese Art von Gebet ist schwieriger als das assoziative Gebet, weil es ein höheres Bewußtsein auf einer einfacheren und formlosen Ebene erfordert.

Das wortlose Gebet
Bei dieser Gebetsform läßt man die Worte insgesamt fahren oder wiederholt nur einige wenige immer und immer wieder. Man kann auch nur einen Ton wiederholen, der keine eigene Bedeutung hat. Das eigentliche Gebet beginnt in der Stille hinter dem andauernden Singsang oder der Litanei, und je weniger Assoziationen den Geist beschäftigen, desto mehr kann der Betende diese Stille auch erkennen. In ihr findet eine Kommunion statt; das Herz ist mit sich selbst und dem Göttlichen, das dem Menschen innewohnt, eins. Aus dieser Stille entspringt die ganze Schöpfung.

Meditation ist eine Weiterentwicklung des Gebets hin zum Formlosen, Einfachen, zur unmittelbaren Wahrnehmung. Jede Religion verfügt über eine Form der Meditation, die, weil sie eine Fertigkeit ist, geschult werden muß. Manchmal beschränkt sich diese Schulung nur auf die Mitglieder der religiösen Gemeinschaft, und man erhält sie nur, wenn man dieser angehört. Ich habe mich in Kapitel 4 bereits damit befaßt und dargelegt, daß man in allen Lebensumständen meditieren kann, da Meditation zum Wesen des Menschen gehört, daß aber jeder Weg seine eigenen Anforderungen und Schwierigkeiten mit sich bringt.

Die Welt verändert und entwickelt sich. Das religiöse Leben der Menschen muß sich im gleichen Maß verändern. Das heißt, daß sich die Formen und Strukturen der Religionen, die unter völlig anderen gesellschaftlichen Bedingungen entstanden sind, wandeln müssen, damit sie in die heutige Gesellschaft passen. Diese Veränderungen sollten auf den höchsten religiösen Werten und auf wahrer Erkenntnis beruhen und nicht nur einfach der Mode folgen. Meditation spielt beim Erhalt der traditionellen religiösen Werte eine entscheidende Bedeutung.

8
Die individuelle Erfahrung

Ich werde mich in diesem Kapitel mit außergewöhnlichen Erfahrungen, ihrer Interpretation und Vermittlung befassen. Zu diesen Erfahrungen gehören sowohl
mystische Erlebnisse, die dem Bereich des Religiösen
zugeordnet werden, als auch paranormale, die nicht unbedingt eine religiöse Grundlage haben müssen, und Erfahrungen, die infolge der Meditation auftreten. Je nach
dem Kontext, in dem sie auftreten, wird solchen macht-
vollen Erfahrungen, die zu verschiedenen Zwecken ein-
gesetzt werden, eine unterschiedliche Bedeutung beige-
messen. Diese Erfahrungen sind aber immer emotionaler
Natur, unabhängig davon, welchem Kontext sie zugeordnet werden.

Ich habe bereits ausgeführt, daß der Gefühlszustand
nicht mit den emotionalen Reaktionen gleichgesetzt
werden kann. Das Gefühlsleben kann enorm erweitert
werden, wenn man beginnt, das Wesen der Wirklichkeit
zu hinterfragen, und nach einem umfassenderen Sinn
für sein Dasein sucht. Wenn Menschen eine größere
Dimension erfahren, kann für sie die Suche nach einem
tieferen Sinn beginnen. Im Laufe dieser Suche machen
sie dann häufiger derartige Erfahrungen, deren Tiefe immer weiter zunimmt.

Menschen, die ihr religiöses Leben ernst nehmen oder
anfangen zu meditieren, merken bald, daß sie immer
mehr auf eine Art und Weise mit ihren Gefühlen umgehen, die ihr tägliches Leben bereichert und durch die
sich ihnen neue Möglichkeiten eröffnen. An dieser Stelle

Meine Insel der Stille

ist es wichtig, den Entwicklungsprozeß der Psyche näher zu beleuchten. Außergewöhnliche Erfahrungen befruchten das Wachstum des Gefühlskörpers, sofern die emotionale Energie auf ein bewußtes Ziel ausgerichtet ist. Manchmal schätzt man das wahre Ausmaß einer solchen Erfahrung nicht richtig ein und ahnt nicht, was sie in einem übergeordneten Kontext bedeutet. Man braucht ein gewisses Maß an Abstand, damit man nicht von dieser gewaltigen emotionalen Energie überwältigt wird.

Nun möchte ich mich der religiösen Erfahrung zuwenden.

Mystische Erfahrungen

Was ist eine mystische Erfahrung? Gibt es viele Menschen, die derartige Erlebnisse haben, und wodurch unterscheiden sich diese von gewöhnlicher Religiosität?

Religiöse Erfahrungen haben viele Formen und nehmen viele verschiedene Verkleidungen an. Ein Moslem oder ein Hindu, der eine bestimmte Erfahrungsebene erreicht hat, wird diese mit anderen Worten beschreiben als ein Christ. Sie werden ihre Erfahrungen auf dieser Ebene aber nicht nur mit anderen Worten beschreiben, sondern sie sogar auf die Weise sehen, die den Vorstellungen und Konzepten ihrer jeweiligen Religion entspricht. Dennoch kann man hinter den unterschiedlichen Ausdrucksformen eine gemeinsame Erfahrung erkennen, wenn man weiß, wonach man eigentlich sucht. Dazu muß man die Erfahrung in neutralen Begriffen beschreiben, ihre Essenz erkennen und das ihr zugrunde liegende Prinzip verstehen.

Da eine Lehre in Worten, Symbolen und Vorstellungen vermittelt wird, sind religiöse Überzeugungen der formalisierte Ausdruck tiefer Wahrheiten. Die unmittelbare Erfahrung selbst ist hingegen wortlos; sie läßt sich eher als Fühlen, Empfinden, Sehen oder Lauschen beschreiben. Die Worte sind der Versuch des Verstandes, die Erfahrung zu integrieren und ihr einen Sinn zu geben, sie in den Kontext bereits vorhandener Ideen und Überzeugungen einzuordnen. Der Unterschied zwischen dem, was man glaubt, und dem, was man erfährt, besteht darin, daß Begriffe und Überzeugungen Dinge sind, die man im Kopf weiß, während Erfahrungen mit dem ganzen Körper, einschließlich der Eingeweide, gemacht werden. Man mag gefühlsmäßig tief mit einer bestimmten Glaubensrichtung verbunden sein, aber die Empfindungen, die mit einem konkreten Erlebnis einhergehen, gehören einer ganz anderen Größenordnung an.

Was die Frage betrifft, wie weit verbreitet mystische Erfahrungen eigentlich sind, so ist es wahrscheinlich, daß jeder tief religiöse Mensch zumindest *ein* derartig machtvolles Erlebnis hatte. Andererseits ist anzunehmen, daß viele solche Erlebnisse unerkannt bleiben, weil die Betroffenen nicht wußten, wie man sie erkennt, oder weil sie ihnen nicht besonders außergewöhnlich vorkamen, oder weil es sich eher um eine Art „Handlung" oder „Gewißheit" handelte und nicht um eine blitzartige wundervolle Erfahrung, die aus einer scheinbar außerhalb ihrer selbst liegenden Quelle stammte.

Unterschiedliche Formen religiöser Erfahrung

Die bereits erwähnten „zeitlosen Momente"; die Augenblicke plötzlichen Friedens oder großer Klarheit; das Gefühl, auf eine andere Ebene übergewechselt zu sein oder einen tieferen Sinn empfunden zu haben, könnte man als Berührung mit dem Sinn des Lebens betrachten; als eine vorsichtige Annäherung an Bedeutsamkeit. Sie kommen zwar nicht häufig vor, aber die meisten – wenn nicht gar alle – Menschen haben etwas Derartiges schon einmal erlebt. Solche Erfahrungen können sich spontan und außerhalb eines religiösen Kontexts ereignen oder unter eigens dafür geschaffenen Umständen auftreten. Diese können spiritueller Natur sein und beim Beten oder während einer asketischen Übung stattfinden; sie können aus dem Gefühl der Verbundenheit mit der Natur oder der Kunst entstehen; sie können aber auch körperliche Ursachen haben und sich während einer Wanderung durch die Wüste oder beim Besteigen eines Berges ereignen.

Eine andere Kategorie religiöser Erfahrungen hat mit überwältigenden Gefühlen wie Liebe, Aufgehobensein, Staunen oder Verehrung zu tun. Diese Gefühle sind von einer ganz anderen Intensität als die gewöhnlichen und stammen anscheinend aus einer anderen Quelle; sie kommen ungebeten und unerwartet und werden als ein unendlich kostbares Geschenk empfunden, an das man sich immer wieder erinnert, selbst wenn es uns nicht noch einmal geschenkt wird. Derartige Erfahrungen werden unweigerlich als etwas Göttliches – oder wie auch immer man das Höchste nennen mag – eingestuft.

Religiöse Erfahrungen werden oft auch mit Visionen von Gott oder den Göttern, von Engeln oder Heiligen in

Verbindung gebracht. Eine solche Vision kann sehr realistisch und detailliert sein, und mit ihr geht meistens eine Botschaft einher; man hat irgendwie das Gefühl, daß uns etwas Wichtiges vermittelt wurde. Die Form der Vision entstammt der Psyche desjenigen, der sie wahrnimmt, aber bei jeder echten Erfahrung liegt hinter der Form die Gewißheit, etwas Höherem und Wirklichem begegnet zu sein, eine übergeordnete Realität wahrgenommen zu haben. Manche Visionen treten nicht in der Form konkreter Bilder auf, sondern einfach als tiefe Einsichten, als Vision der Wahrheit. Auch das Hören von Klängen, von Musik oder Stimmen, die religiöse Wahrheiten verkünden, sind diesem Bereich zuzurechnen.

Das Sehen solcher Bilder muß nicht unbedingt als etwas Außergewöhnliches wahrgenommen werden. Es ist einfach eine Fähigkeit, die man für spirituelle Zwecke entwickeln und nutzen kann. Viele Menschen tun dies, ohne zu wissen, daß sie sich darin im Grunde nicht von ihren großen spirituellen Vorbildern unterscheiden, von denen sie gelesen haben. Auditive und visuelle Phänomene lassen sich allerdings leicht falsch interpretieren und mißbrauchen. Wahre Visionäre werden daher kaum über ihre Erlebnisse sprechen, es sei denn, sie wollen ihre Wahrnehmung und Einsicht dadurch vertiefen. Sie werden sich kaum bewegt fühlen, andere Menschen von der „Wahrheit" ihrer Vision oder Botschaft überzeugen zu müssen. Keine formulierte Einsicht kann jemals die absolute Wahrheit erfassen, auch wenn es demjenigen, der sie hat, so erscheinen mag, und sie kann für andere Sinn haben oder auch nicht. Es ist das Beste, wenn man solche Erfahrungen nicht überbewertet, auch wenn sie für uns selbst durchaus hilfreich und bedeutsam sind. Man sollte aber weder seine Erfahrungen noch sich selbst als etwas Besonderes betrachten, nur weil man bestimmte Realitäten des religiösen Lebens erfahren hat.

Natürliches und Übernatürliches

Es gibt ein ganzes Spektrum ungewöhnlicher Erfahrungen, die „übernatürlich" genannt werden. Das Wort ist jedoch irreführend, weil man meinen könnte, es handele sich um etwas, das über der Natur stünde, also kein natürliches Ereignis sei. Aber wie können Geschehnisse, die seit Anbeginn der Geschichte aufgetreten sind und sich auch heute noch ereignen, nicht natürlich sein, auch wenn sie uns vielleicht nicht „normal" scheinen? Der Begriff „übernatürlich" hat zwar eine historische und kulturelle Bedeutung, es ist jedoch höchste Zeit, diese Fähigkeiten dem normalen menschlichen Potential zuzurechnen und sie in einen umfassenderen Kontext einzuordnen.

Mediale oder paranormale Kräfte können sowohl angeboren sein als auch entwickelt werden. Der mit diesen Kräften zusammenhängende Wunder- und Aberglaube ist wohl vor allem eine Folge der Tatsache, daß sich die meisten Menschen ihres Potentials nicht bewußt sind. Außerhalb des religiösen Bereichs schätzt man diese Kräfte um ihrer selbst willen und entwickelt und nutzt sie für die unterschiedlichsten Zwecke, von der Heilung bis zum Hellsehen. Auch durch Meditation kann man Zustände erreichen, in denen Phänomene wie Telepathie, Hellsichtigkeit und Astralreisen möglich sind, aber man erreicht vor allem Zustände, die uns weit mehr bedeuten als diese Phänomene. Ihr Auftreten ist für die Meditation nicht relevant; wer sie dennoch entwickeln möchte, kann Anweisungen dazu in der entsprechenden Literatur finden.

Wie alle anderen ungewöhnlichen Erfahrungen tauchen auch diese bisweilen spontan, willkürlich und unkontrolliert auf, und man kann sie entweder negieren, nicht erkennen oder für in Wirklichkeit recht unbedeutende Zwecke verwenden. Das verbreitete Bild sogenannter paranormaler Fähigkeiten entstand als Folge spektakulärer Vorführungen. Was ist so bedeutsam daran, ein Erdbeben oder den Tod eines politischen Führers vorauszusehen, wenn man sowieso nichts dagegen unternehmen kann und dieses Wissen für das eigene Verhalten völlig irrelevant ist? Für jede private oder allgemeine „Prophezeiung" gilt die Frage nach dem Nutzen dieses Wissens. Wer die Zukunft kennen will, möchte meistens irgendeine Katastrophe abwenden oder die Zukunft zum eigenen geschäftlichen oder persönlichen Vorteil manipulieren. Glücklicherweise läßt sich das Leben aber nicht so einfach aus Gier oder Furcht manipulieren! Es mag zwar möglich sein, bestimmte Ereignisse vorauszusehen, aber worin besteht der Wert dieses Wissens?

Es ist allerdings möglich, sinnvoll mit dem Blick in die Zukunft umzugehen (siehe dazu Kapitel 9), aber man kann sich nur selten auf diese Fähigkeit verlassen, es sei denn, man versteht, wie sie funktioniert, und lernt, mit ihr umzugehen. Ohne Vertrauen oder zumindest der „Überwindung des Zweifels" läßt sich diese Fähigkeit nicht vertiefen. Viele Menschen nutzen diese Form der Wahrnehmung, obwohl sie für sie nur als ein verschwommenes Ahnen oder Intuition auftritt. Durch Meditation kann sie jedoch häufiger vorkommen, und man kann sie sich bewußt machen. Die Möglichkeit, die

Zukunft oder die Vergangenheit zu sehen – die Gabe der Prophezeiung –, ist eine Form tiefster Einsicht und wird im nächsten Kapitel behandelt, da es sich bei ihr eigentlich um eine Entwicklung des Intellekts handelt.

Mythologie und Symbolismus

In den Mythen der ganzen Welt lassen sich häufig bruchstückhafte, manchmal aber auch detaillierte Berichte über die meditative Reise finden. Immer wieder stoßen wir auf Beschreibungen von Reisen durch himmlische Reiche oder in die Unterwelt; Menschen begeben sich auf die Suche nach großen Schätzen wie dem Heiligen Gral oder dem Goldenen Vlies; sie treten Pilgerfahrten zur Heiligen Stadt an; sie durchqueren Gärten, Paläste, Tempel oder Täler. Bäume, Spiralen und Mandalas, Leitern und Labyrinthe beschreiben auf ihre Art jeweils unterschiedliche Bewußtseinsebenen.

In manchen philosophischen oder Meditationsschulen werden die erweiterten Bewußtseinszustände und die damit einhergehenden Kräfte in kunstvoll formulierten Mythen und üppigen Bildern dargestellt. Am bekanntesten dürfte in dieser Hinsicht die östliche Mythologie sein. Ein Beispiel ist das Sinnbild der Kundalini, der Schlangenkraft, die am unteren Ende des Rückgrats zusammengerollt ist. Sie entrollt sich und steigt als Shakti oder weibliche Energie das Rückgrat empor und vereinigt sich am Scheitelpunkt des Hauptes mit Shiva, der männlichen Energie. Unterwegs öffnet sie verschiedene Zentren, die als Lotosblumen oder Räder beschrieben werden und Blütenblätter oder Speichen in unterschiedlichen Farben haben.

Diese Mythologie läßt sich noch weiter entwickeln und ausschmücken, indem man die Kräfte oder Zentren als Götter schildert, denen man auf seiner Reise nach oben begegnet. Ihre Aspekte, Farben und die Objekte, die sie tragen (und die Anzahl der Arme, die sie brauchen, um sie tragen zu können), stellen das Wesen und die Eigenschaften dieser Kraft ziemlich genau dar, wenn man die so beschriebene Erfahrung kennt. Auch die Totenbücher sind in dieser Hinsicht klassische Texte.

Der Nachteil dieser Art von Beschreibung ist, daß der Aberglauben leicht überhand nimmt, und zwar nicht nur der von „Uneingeweihten", die die entsprechenden Erfahrungen nicht kennen und diese Bilder und Symbole für bare Münze nehmen oder sie phantasievoll interpretieren, sondern auch von denjenigen, „die sich auf dem Pfad befinden", weil sie ihre Erfahrungen im Rahmen dieser Vorstellungen interpretieren. Sinnbilder aus einer anderen Kultur oder Zeit waren dort und damals bedeutsam, passen aber nicht unbedingt in die psychologischen Rahmenbedingungen der heutigen Zeit und in die gegenwärtige Weltkultur. Natürlich enthalten sie wichtige Informationen, und auch wenn diese nicht „falsch" sind, so sind sie für uns auch nicht mehr sonderlich hilfreich.

Die Personifizierung von Erfahrungen durch Götter, Dämonen oder spirituelle Führer hat eindeutig eine Menge mit der jeweiligen Kultur zu tun, und die Erfahrungen von Menschen mit einem anderen kulturellen Hintergrund passen nicht unbedingt in den Rahmen solcher Darstellungen. Es ist besser, die meditative Wirklichkeit unbelastet von solchen Sinnbildern zu sehen. Die entsprechenden Formulierungen werden sich ganz

Meine Insel der Stille

von selbst einstellen und den eigenen Hintergrund widerspiegeln, der natürlich auch angelesenes Material enthalten kann, besonders in einer Zeit, in der Mythen aus allen Weltkulturen verfügbar sind. Aber wie sie auch immer aussehen mag, die Formulierung wird vor allem für uns selbst Bedeutung haben.

So kann uns beispielsweise während der Meditation eine Aktivierung der Scheitelregion des Kopfes bewußt werden. Manche Systeme haben diese Empfindung mit dem Sinnbild einer tausendblättrigen Lotosblume verbunden. Die Erfahrung mag dieselbe sein, wenn aber der Lotos kein Bestandteil der eigenen Umwelt ist, stellt man sich das Phänomen wahrscheinlich eher als Kohlkopf oder Rose vor. Es ist wichtig, sich nicht von den komplexen Mythen anderer Kulturen verwirren zu lassen, die man in ihrer Gesamtheit sowieso nicht annehmen wird. Man sollte auch nicht erwarten, daß eine Erfahrung einer bestimmten Form folgt, nur weil die Beschreibung soviel Autorität besitzt. Das Bild mag stimmen, aber es gibt keine „richtige" Art, die Wirklichkeit einer solchen Erfahrung wahrzunehmen. Wesentlich ist, das Wesen einer Erfahrung und die Symbolik, in die sie gekleidet wird, auseinanderzuhalten.

Erfahrung und Symbolik

Sinnbilder sind eine Art Kurzschrift, mit der man Erfahrungen, die aus dem normalen Rahmen fallen, festhalten und vermitteln kann. Naturgemäß ordnet der assoziative Verstand alles, was ihm begegnet, in den bereits vorhandenen Bezugsrahmen ein. Sobald man eine Erfahrung macht, sucht der Verstand nach dem, was dieser am nächsten kommt, damit er sie integrieren und kontrollieren kann.

Ich möchte diesen Mechanismus am Beispiel der Erfahrung von Licht, Glanz und Macht, von einer kreativen Quelle erläutern. Welches konkrete Symbol stellt diese Erfahrung am besten und ihre Eigenschaften so genau wie möglich dar, wenn man sie jemand anderem vermitteln will? Wie die Menschen aller Kulturen wählt man vielleicht instinktiv das Bild der Sonne. Dieses ist universell, und auch, wenn es hinsichtlich ihrer Bedeutung in den verschiedenen Kulturen Unterschiede gibt, so kann doch jeder Mensch auf diesem Planeten die Essenz dieses Symbols verstehen.

Auch das Schlangensymbol ist weit verbreitet. Natürlich befindet sich im Körper keine zusammengerollte Schlange, die das Rückgrat empor kriecht. Man kann sich jedoch einer Empfindung bewußt werden, die diesem Bild außerordentlich nahekommt. Während der Meditation kann auch das Gefühl auftauchen, Flügel zu haben. Wenn man die Erfahrung genau und klar beobachtet, bemerkt man, daß die Empfindung von einem bestimmten Zustand begleitet wird. Das Wesentliche ist der Zustand, das Wahrnehmen der Flügel ist ein geistiges Nebenprodukt. Der Verstand ordnet diesem Zustand ein Bild zu, damit er ihn integrieren, länger aufrechterhalten und das nächste Mal leichter wieder erreichen kann.

Nicht jede Erfahrung läßt sich auf ein einziges Bild reduzieren. Viele Wahrnehmungsebenen gehen über die genannten Beispiele hinaus. Der Geist muß unter Umständen sehr komplexe und höchst abstrakte Bilder entwerfen, um bedeutsame Erfahrungen zu integrieren. Er wird sie zunächst aus bekanntem Material zusammensetzen und Bilder aus der ihm vertrauten Welt verwenden, aber schließlich auch Bilder von Ereignissen oder Wesen entwerfen, die es auf diesem Planeten nie gegeben hat. Beispiele dafür sind mythische Tiere wie der Greif oder heroische Taten wie der Sieg über Riesen oder Monster, aber auch so wundersame oder bizarre Ereignisse wie Jona im Bauch des Wals oder die Argonauten, die ihren Weg durch herabstürzende Felsen fanden.

Symbole lassen sich auf die unterschiedlichste Art und Weise interpretieren; sie bekommen aber ihre eigentliche Bedeutung erst dann, wenn man sie auf die eigene Erfahrung beziehen kann.

Unser Verstand kleidet Erfahrungen in symbolische Gewänder. Für die Kommunikation sind diese Sinnbilder unerläßlich, aber sie können Fallen sein, wenn man die Kleider für die Wirklichkeit hält, für die absolute und unabänderliche „Wahrheit", um die dann Kriege geführt werden. Die Erfahrung des Individuums kann eingeschränkt und fehlgeleitet werden, wenn man nicht begreift, daß Beschreibungen nur begrenzte und unvollkommene Abbilder von Erfahrungen sind, die weit über die Bilder hinausgehen. Wer aber seine Wahrnehmungsfähigkeit entwickelt, kann die Wirklichkeit aus erster Hand wahrnehmen.

Die meditative Erfahrung

Meditation ist eine Methode direkter Wahrnehmung. Erst wenn der ständige Assoziationsprozeß den Verstand nicht mehr beherrscht und sich die Stille ausbreitet, in der Bedeutung und Sinn erfaßt werden können, werden einfachere Erfahrungsbereiche zugänglich. Diese Bereiche sind deshalb einfach, weil sie allen Menschen offenstehen und für uns alle von Bedeutung sind. Sie sind auch deshalb einfach, weil sie dem kreativen Ursprung des Erfahrens näher sind. Wahre Meditation erfordert letztlich die Beseitigung aller Vorstellungen. Sobald eine auftaucht, behandeln wir sie genauso wie alle anderen geistigen Produkte: Wir bemerken sie einfach, während wir unterwegs zu dem Raum sind, aus dem sie stammen, auf dem Weg zum Übergeordneten. Wenn das beobachtende Bewußtsein trotz ihrer attraktiven emotionalen Qualität nicht an Vorstellungen haften bleibt, entwickeln sich unser Unterscheidungsvermögen und unsere innere Freiheit. Durch das Unterscheidungsvermögen können wir Form und Wirklichkeit einer Situation auseinanderhalten. Dank der inneren Freiheit verstricken wir uns nicht in den Netzen, die das Herz des Daseins verhüllen, sondern können immer mehr erkennen und immer weiter blicken.

Meditation verschafft uns Einsicht in nahezu alle menschlichen Zustände, von denen manche von außergewöhnlichen Kräften begleitet werden. Aber im Gegensatz zu Methoden, die eine weitere Ausbildung dieser Fähigkeiten anstreben, werden sie bei der Meditation eher als Hindernis betrachtet und nicht als Bestätigung für den erzielten Fortschritt. Man sollte sie wie jede andere Ablenkung betrachten, die den Meditierenden von seiner wesentlichen Aufgabe abbringen könnte. In der klassischen Meditationsliteratur wird recht deutlich vor derartigen verführerischen Phänomenen gewarnt, da es sich lediglich um Nebenprodukte handelt und nicht um das Wesentliche. Sie sind Mittel und nicht Zweck, und ihr Nutzen auf der unendlichen Reise der Meditation ist ziemlich begrenzt. Im Laufe der Jahre

Meine Insel der Stille

wird man während der Meditation viele bemerkenswerte Dinge erleben, aber im Kontext einer echten Meditationsschulung wird ihnen nicht annähernd jene Bedeutung zuerkannt, die sie für den unausgebildeten Geist haben. Man rückt sie in die richtige Perspektive, indem man sich an die Anweisungen seines Meditationslehrers hält. So bleiben sie im Rahmen und stören das innere Gleichgewicht nicht. Innere Türen öffnen sich immer erst dann, wenn die Reife vorhanden ist, mit den Resultaten umzugehen.

Ein wesentlicher Aspekt der Meditationsschulung ist das Beobachten innerer Zustände, denn nur, wenn man sie beobachtet, kann man sie auch ändern. Objektives Beobachten ist eine Folge der Fähigkeit, das Wesentliche und die Erscheinung auseinanderzuhalten (Unterscheidungsvermögen) und sich dabei nicht von dem Erlebnis in Beschlag nehmen zu lassen oder sich mit ihm zu identifizieren (innere Freiheit). Zustände wandeln sich plötzlich in einer Art Quantensprung. Man kann dies anhand bestimmter körperlicher Begleiterscheinungen wie Veränderungen des Atemrhythmus, Empfindungen im Kopf oder anderen Körperteilen oder großer innerer Ruhe erkennen. Solche elektrochemischen Veränderungen sind hilfreiche körperliche Indikatoren. Ein Meditierer sollte Empfindungen dieser Art und außergewöhnliche Kräfte zulassen, ohne ihnen zuviel Bedeutung beizumessen. Sie sind lediglich Anzeichen für das Erreichen eines anderen Zustands oder dafür, daß man sich allmählich einem ganz neuen Zustand annähert.

Die Bedeutung von Meditation

Meditation gibt der Reise ins Unbekannte eine Struktur und unterstützt den Übenden dabei, sich nicht in den unweigerlich auftretenden faszinierenden Zuständen oder Kräften zu verstricken, die seinen Fortschritt beeinträchtigen oder ihn vom Weg abbringen können. Der Weg zum Paradies ist nicht unbedingt lang, aber auf ihm warten eine Menge Hindernisse.

Jede Religion verfügt über bestimmte Meditationstechniken, die alle die gleichen Stadien durchlaufen, auch wenn es mit manchen Methoden leichter ist, von den Vorstellungen zur Essenz zu gelangen. Der größte Teil des Weges wird zunächst von der jeweiligen Tradition beeinflußt, die dann aber allmählich ihren Einfluß verliert und die unmittelbare Erfahrung immer weniger bedingt, während der Meditierende gleichzeitig die wahre Essenz der Meditation immer besser kennenlernt.

Da das Wissen, das der Meditation entspringt, die individuelle Vorstellungskraft übersteigt, kennt sie keine kulturellen Begrenzungen; sie unterstützt weder Trennung noch Verschiedenheit. Die Sprache der meditativen Erfahrung wird von allen Menschen verstanden, die sie mit dem Ohr der Erfahrung hören, gleich welchen religiösen, ethnischen oder gar planetarischen Hintergrund sie haben mögen. Es ist angesichts der unzähligen Sonnensysteme im Universum sehr unwahrscheinlich, daß das Bewußtsein nur auf den Planeten Erde beschränkt ist. Unabhängig davon, welche körperlichen Unterschiede es zwischen seinen Trägern geben sollte, wird die Essenz des Bewußtseins im ganzen Universum dieselbe sein.

Die vielen Sinnbilder und Vorstellungen, die in der religiösen Weltliteratur zu finden sind, werden lebendig, wenn man längere Zeit meditiert und die dort beschriebenen Wirklichkeiten selbst erkannt hat. Mythen sind dann keine hübschen Fabeln mehr, sondern relevante Informationsquellen für den inneren Weg. Effektive Meditationssysteme sind Begleiter und Landkarten zugleich; sie bewahren die Erfahrungen all derer, die diesen Weg in der Vergangenheit gegangen sind. Ohne die Unterstützung solcher Systeme wird sich der Übende höchstwahrscheinlich im Kreis drehen und keine Fortschritte mehr erzielen.

Meditation eint uns durch die Entwicklung des individuellen Bewußtseins. Wir befinden uns in einer Phase der Menschheitsgeschichte, in der nationale, kulturelle und religiöse Grenzen bröckeln. Weltanschauungen verkrusten im Lauf der Jahrhunderte unweigerlich durch die Anhäufung eigener Interessen und die Zunahme ideologisch bedingter Selbstbeweihräucherung und verlieren ihre ursprüngliche Kraft. In solchen Zeiten ist es notwendig, sich an die Quelle zu erinnern, der die religiösen Traditionen entspringen. Meditation konzentriert sich auf die einfachste aller Aufgaben, nämlich darauf, das Bewußtsein zu erweitern und das Göttliche zu erkennen.

Die wahre Macht und die wichtigste Aufgabe einer Religion liegt nicht darin, politische oder moralische Herrschaft über das Leben der Menschen zu erringen. Die Religion soll den Menschen vielmehr helfen, ein spirituelles Leben zu führen und muß daher die entsprechenden Methoden bewahren und verbreiten. Jede Religion, die das aus dem Auge verliert, hat die Macht verloren, den Menschen zu den tiefsten Quellen religiöser

Erkenntnis zu führen – auch wenn sie weiterhin eine Funktion als Gemeinschaft und als Kanal für gemeinsame Rituale erfüllt. Denn nicht die Rationalisierung von Dogmen, sondern die Rückkehr zu den Wurzeln der religiösen Erfahrung macht es möglich, den gemeinsamen Boden zu erkennen, aus dem die Religiosität der Menschheit erblüht.

Erfahrung und Autorität

Die in diesem Kapitel skizzierten Erfahrungen entstammen größtenteils den traditionellen oder modernen religiösen Strömungen. Weitere Beschreibungen und Informationen kann man der Flut religiöser und mystischer Texte entnehmen, die gegenwärtig veröffentlicht werden. Weil wir es mit allgemeinmenschlichen Erfahrungen zu tun haben, lassen diese sich nicht auf eine bestimmte religiöse Richtung reduzieren. Derartige Erfahrungen entspringen der Quelle der Religionen, aus der sie alle schöpfen und auf der ihre Autorität begründet ist. Diese Quelle ist nicht nur den traditionellen Religionen zugänglich. Meditation ist eine Methode, tiefe Erfahrungen außerhalb der bestehenden Religionen zu machen. In der heutigen Zeit ist sie deshalb für viele Menschen die einzig akzeptable Methode.

Dennoch gilt es einige Vorkehrungen gegen Überheblichkeit, die übermäßige Betonung von Macht oder deren Mißbrauch und gegen selbsternannte Autoritäten auf diesem Gebiet zu treffen. Durch die tiefe Erfahrung der enormen Macht des Bewußtseins können die egozentrischen Neigungen, die in jedem Menschen stecken, außer Kontrolle geraten. Früher boten die verschiedenen

Religionen eine Struktur zum Umgang mit der Meditation. Wo diese Kontrolle – aus welchen Gründen auch immer – nicht gegeben ist, sollte man unter der Anleitung eines guten Lehrers im Rahmen einer regelmäßigen Praxis meditieren. Die Religionen bieten dem Menschen einen Werte- und Moralkodex, der für den Wachstumsprozeß unabdingbar ist, gleich ob dieser nun im religiösen Rahmen stattfindet oder nicht. Meditation ohne Moral kann ebenso gefährlich sein wie das sprichwörtliche Öffnen der Büchse der Pandora. Es muß ein Gleichgewicht zwischen Meditation und Leben, zwischen den privaten Bedürfnissen und Motivationen und den Anforderungen des innerlichen Wachstums erhalten bleiben, sonst wird Meditation lediglich zum Instrument der Selbstbeweihräucherung. Es mögen zwar durchaus Veränderungen geschehen, aber diese werden nicht auf einem hohen Niveau stattfinden.

Meditation, die nicht regelmäßig überprüft und angeleitet wird, bringt nicht nur Gefahren mit sich, sondern ist vor allem nutz- und sinnlos. Es ist reine Zeit- und Energieverschwendung, eine Aktivität mit so weitreichenden Konsequenzen wie Meditation auszuführen, ohne sich dabei unterstützen zu lassen. Nur mit Hilfe eines erfahrenen Lehrers kann das gesamte Spektrum an Möglichkeiten und Wirkungen dieser Methode ausgenutzt werden, die geeignet ist, die Schatzkammer der allgemeinmenschlichen Erfahrung und nicht nur die der individuellen zu öffnen. Meditation ist kein „Einmannunternehmen". Individuelle Freiheit und Eigeninitiative bedeuten nicht, „alles allein zu machen", weil man – aus welchen Gründen auch immer – die Anleitung durch eine Autorität auf diesem Gebiet vermeiden möchte.

Wahre Individualität verleiht die Macht, Entscidungen zu treffen und zu zeitlos gültigen Werten zu stehen, die einer inneren Stärke und Ausgeglichenheit entstammen, die man nicht kaufen oder wie ein Kopfschmerzmittel einnehmen kann. Sicherlich haben sich die Zeiten geändert. Heute braucht sich im Westen niemand mehr durch sozialen Druck gezwungen fühlen, sich irgendeiner religiösen Orthodoxie anzupassen. Es herrscht jedoch eine starke soziale Orthodoxie, ein Klima des Mißtrauens gegenüber jeder Autorität, sogar gegenüber der eigenen. Der beste Weg, die eigene Autorität zu entwickeln, ist der, das Echte vom Vorgetäuschten oder Oberflächlichen unterscheiden zu lernen und sich gleichzeitig der Führung durch eine Autorität zu überlassen, bis man auf diesem Gebiet selbst ausreichend Erfahrung gesammelt hat. Die heutigen sozialen Dogmen und Einstellungen sind ebenso einengende geistige Rahmenbedingungen wie es früher die religiösen waren.

Letztlich beinhaltet wirkliche Individualität auch die Fähigkeit, intelligentes Vertrauen und Respekt für die menschliche Natur zu entwickeln. Diese Art von Respekt ist in der zur Zeit herrschenden unsicheren Atmosphäre von Angst, Sinnlosigkeit und Pragmatismus recht unmodern geworden. Die Auffassung, der Mensch sei „das destruktivste Tier auf Erden", die durch den Vergleich mit friedfertigen Gorillas, die im dichten Urwald ihre Jungen aufziehen, angeblich bewiesen werden soll, ist lediglich das Symptom eines ebenso lustvollen wie nutzlosen Selbsthasses. Es mangelt dem heute vorherrschenden Selbstbild am rechten Maß und an einer realistischen Einschätzung der Macht und Größe des menschlichen Potentials, wenn dieses die göttliche Dimension in der gesamten Schöpfung anerkennt und verwirklichen hilft.

9
Der kreative Intellekt

Im vorigen Kapitel habe ich eine Reihe machtvoller Erfahrungen skizziert, aber unsere meditative Reise führt noch weiter. Erfahrungen dieser Art verändern unsere emotionale Grundstruktur und unsere Vorstellung dessen, was wertvoll und bedeutsam ist, und dank dieser Umstrukturierung wachsen wir. Es kommt aber ein Zeitpunkt, da verliert der persönliche Nutzen der Meditation – innerer Friede, Stabilität, Kraft – als Motivation seine Bedeutung. Wir erahnen nun bestimmte Eigenschaften der Meditation, wodurch wir sie um ihretwillen praktizieren.

Normalerweise werden die Menschen durch den persönlichen Nutzen ihres Handelns motiviert. Ganz gleich, ob es sich um Arbeit, eine Party oder um Meditation handelt: Man tut es, weil man hofft, etwas davon zu haben. In den Anfangsphasen der Meditation legt man sehr viel Wert auf Erfahrungen, die für uns persönlich von Bedeutung sind und die mit starken Gefühlsregungen einhergehen. Man vergißt andere Erfahrungen wieder, weil sie scheinbar nicht so viel Bedeutung haben oder uns nicht wirklich berühren. Es kann dann zu einer Phase in der Meditationspraxis kommen, in der das sich erweiternde Bewußtsein anscheinend keine interessanten Erfahrungen mehr macht. Würden wir uns lediglich auf das beziehen, was uns persönlich sinnvoll erscheint, würden wir spätestens dann an unsere Grenzen stoßen. Aber wenn wir an diesem Punkt angelangt sind, wissen wir bereits, daß es mehr gibt. Wir haben bereits eine

Ahnung vom ganzen Ausmaß der Meditation bekommen und werden, damit wir fortschreiten können, mehr emotionale Energie in diese übergeordnete Sphäre stecken. Diese wird immer mehr an Bedeutung gewinnen, auch wenn das für uns keinen persönlichen Vorteil hat.

Ohne direkten persönlichen Nutzen zu handeln, ist ein enormer Sprung. Diese Phase ist paradox, weil man zwar von diesem Sprung profitiert, aber nur, wenn man das nicht anstrebt. Wenn aber in dieser Phase kein persönlicher Vorteil erkennbar ist, warum sollte man sich dann noch die Mühe machen, weiterhin zu meditieren? Der Grund dafür liegt zum Teil im bereits erhaltenen Einblick in das Wesen der Wirklichkeit und zum Teil im Vorgeschmack auf die kommenden Erfahrungswelten. Darüber hinaus existiert in jedem Menschen eine sehr wichtige Triebkraft: das Machbare nur deshalb zu tun, weil es eben machbar ist.

Neugierde und Bewußtseinserweiterung

Viele Menschen unternehmen immer wieder gefährliche, schwierige und anscheinend nutzlose Sachen und rechtfertigen ihr Handeln mit „... weil es möglich ist" oder mit „Warum denn nicht?". Diese Antworten sind keineswegs absurd, sondern spiegeln eine grundlegende Triebkraft des Menschen wider, die ziemlich abstrakt ist, da sie – abgesehen von der Befriedigung, sich einer Herausforderung gestellt zu haben – zunächst keinen unmittelbaren Nutzen hat. Ein Mensch kann diese Herausforderung nur für sich persönlich annehmen, aber auch stellvertretend für die gesamte Menschheit: Mensch gegen Natur. Wer sich ihr stellt, riskiert häufig Leib und Leben. Der Trieb, die Herausforderungen des Unbekannten anzunehmen und die Grenzen des Machbaren zu erweitern, ist jedoch die Grundlage aller wissenschaftlichen Entdeckungen und aller Forschung.

Ohne diese dem Menschen innewohnende unstillbare Neugierde, dem Hunger nach immer mehr Wissen, würden wir wahrscheinlich noch immer in Höhlen oder auf Bäumen wohnen oder wären bereits ausgestorben. Es ist unmöglich, sich den Menschen ohne diese Neugierde vorzustellen. Wir unterscheiden uns vom übrigen Tierreich durch unsere Fragen; durch unsere Versuche, über das für das bloße Überleben Notwendige hinauszugehen; durch das Bemühen, Neues zu erreichen oder Bestehendes zu perfektionieren; durch die Risikobereitschaft, in Bereiche vorzudringen, die uns noch unbekannt sind oder die von uns noch nicht gemeistert wurden.

Manchmal scheint es, als setze Neugierde den gesunden Menschenverstand außer Kraft. Das mag auch oft der Fall sein, da kreative Anstrengungen häufig aus reiner Neugierde entstehen und sich oft nicht darum kümmern, ob sie von Erfolg gekrönt sind oder nicht. Irgendwann setzt der gesunde Menschenverstand aber immer wieder ein, da wir mit den praktischen Resultaten unserer Ideen leben müssen. Am Ende fällt die Geschichte das letzte Urteil über die Brauchbarkeit aller Ideen und Neuerungen. Die nützlichen nehmen an Bedeutung zu, werden bewahrt und weiterentwickelt. Alle anderen werden verworfen. Aber was für die gesamte Menschheit sinnvoll ist, muß nicht auch vom Einzelnen so wahrgenommen werden. Manche Menschen sind der Meinung, daß es wichtiger ist, unseren Planeten in seinem gegenwärtigen – ihnen vertrauten – Zustand zu erhalten, als diesem Impuls der Neugierde zu folgen, der ganz offensichtlich zunächst keinen praktischen Nutzen hat oder gar auf Kosten angeblich offensichtlicher Bedürfnisse geht. Würde sich diese Haltung durchsetzen, würde Neugierde ausschließlich den Zwecken dienen, die ein Individuum oder eine Gruppe für bedeutsam halten.

Aber Neugierde ist leider – oder zum Glück – nicht pragmatisch. Sie strebt danach, um der Erkenntnis willen zu erkennen, und sollte diese Triebkraft jemals ihren Schwung verlieren, wäre dies das Ende der Menschheit. Die Fähigkeit, sich von abstrakten Motiven antreiben zu lassen, gewisse Prinzipien oder Ideen ohne unmittelbaren oder persönlichen Nutzen zu verfolgen, ist nicht nur für unser körperliches Überleben entscheidend, sondern besonders für unser psychisches.

Meditation ist die größte aller Herausforderungen, insbesondere dann, wenn der Meditierende in den Worten des Heiligen Johannes vom Kreuz „die dunkle Nacht der Seele" durchlebt, jene Phase, in der ihr Nutzen für den Übenden nicht mehr erkennbar ist und der Drang, zu meditieren, sich in die eher abstrakte Erkenntnis verwandelt, daß es von Wert ist, Meditation um ihrer selbst willen zu üben. Und erst in diesem Moment wird Meditation wirklich kreativ.

Kreativität und Bewußtsein

Abstrakte Projekte wie die Grundlagenforschung führen letztendlich fast immer zu praktischen Resultaten, aber diese sind häufig unvorhersehbar und führen oft in unerwartete Richtungen. Alles, was vorhersehbar ist, ist assoziativ und entspringt logisch nachvollziehbaren Gedankengängen. Das Kennzeichen echter Kreativität ist jedoch ihr spontanes Auftreten; sie tritt entweder unerwartet in Erscheinung oder auf eine Weise, die nicht vorhersehbar war. Hat sich die Meditation über einen gewissen Punkt hinaus entwickelt, kann man für sich selbst als Individuum wahrscheinlich keinen praktischen Vorteil mehr erkennen, aber erst in diesem Moment wird sie wahrhaft kreativ.

Der kreative Drang, sich fortzupflanzen, gehört zu den tief verankerten schöpferischen Instinkten. Er wird auf die gleiche Art und Weise motiviert wie jedes andere kreative Unterfangen auch: unbewußt. Alle Gründe und Rechtfertigungen, mit denen man eine „weil es nun mal so ist"-Aktivität erklären kann, sind der Versuch des bewußten Geistes, den Trieb zu rechtfertigen und zu integrieren. Aber keine Erklärung oder Rechtfertigung ist letztlich befriedigend, und fast immer lassen sich Gegenargumente ins Feld führen, die genauso treffend sind. Es mag beispielsweise eine Menge guter Argumente gegen die Eroberung des Weltraums geben, darunter pragmatische, wie die Frage nach den Kosten oder nach der militärischen Anwendung dieser Technologie. Dennoch ist der Drang, neue Räume zu erobern, offensichtlich sehr menschlich und hat in unserer gesamten Entwicklungsgeschichte eine wichtige Rolle gespielt. Die Chancen, diesen Trieb dauerhaft zu unterdrücken, sind äußerst gering, da es sich um eine motivierende Kraft handelt, die weder rational noch bewußt ist.

Alle unpraktischen Triebkräfte des Menschen – das Verlangen nach Schönheit, Kunst, Wissen, Freude um ihrer selbst willen – sind unbewußt und ebenso lebenswichtig für uns wie die Instinkte, die wir mit anderen Arten gemeinsam haben. Es handelt sich also nicht um eine Fehlentwicklung der Evolution oder um bloße Phantastereien, die keinen evolutionären Wert haben. So ist beispielsweise das universell vorhandene Verlangen nach Schönheit für das Überleben der Art unwichtig, aber die Tatsache, daß bereits unsere frühesten Vorfahren ihre Töpfe und sonstigen Gebrauchsgegenstände verziert haben, ist ein Beweis für das tiefgehende und dauerhafte Bedürfnis, praktische Dinge zu verschönern, da dies für das Wohlbefinden unserer Psyche von äußerster Bedeutung ist.

Durch Meditation erfüllen wir das Bedürfnis, unser Wissen über die menschliche Natur und über die innere und die äußere Welt zu erweitern, deshalb bedarf sie auch keiner weiteren Rechtfertigung. Dieser Trieb eröffnet uns unbewußte Bereiche und verschafft uns Zugang zu unserem verborgenen Potential, indem er es ins Bewußtsein rückt und es der bewußten Kontrolle zugänglich macht. Die Fähigkeit, etwas Neues in die Welt zu setzen und ihm Form zu geben, sei es in der Kunst, durch Worte oder wissenschaftliche Konzepte und Entdeckungen, kann durch Meditation entwickelt werden und wird dadurch immer weniger abhängig von begünstigenden äußeren Umständen. Und der Kanal dieser Kreativität ist der Intellekt.

Der Intellekt

Es ist nicht einfach, über den Intellekt zu reden, da das Wort „intellektuell" nur zu leicht mit einer scharfen Zunge, abgehobenen Konzepten, der bekannten Elfenbeinturm-Mentalität und allgemein mit Weltfremdheit, die sich Gefühlen und sinnlichen Eindrücken verschließt, gleichgesetzt wird. Aufgrund dieser weitverbreiteten Ansicht wird verkannt, was der Intellekt in Wirklichkeit ist, und viele Menschen möchten am liebsten nicht einmal mehr zugeben, daß sie überhaupt über einen Intellekt verfügen. Der Gedanke, daß er ein wichtiges Werkzeug für den Umgang mit der Welt sein könnte, ein Instrument zur Informationsaufnahme und -verarbeitung, mit so praktischen Anwendungsmöglichkeiten wie der Organisierung des Alltags, wird durch die Gleichsetzung dieses Begriffs mit akademischen Bestrebungen überlagert. Ebenso unbekannt ist die Idee, daß die jedem Menschen eigene intellektuelle Fähigkeit auf eine Art und Weise entwickelt und erweitert werden kann, die nichts mit Kopflastigkeit zu tun hat.

Man muß kein Nobelpreisträger sein, um ein integriertes und sinnerfülltes Leben zu führen; man muß auch kein Genie sein, um weise zu sein. Was ist Weisheit anderes als die tiefe Einsicht in die Bedeutung von Ereignissen und ein dementsprechendes Handeln? Ganz gleich, wie gut oder schlecht unser Erinnerungsvermögen oder unsere Abstraktionsfähigkeit sein mag, ist es doch unser aller Geburtsrecht, unser Verständnis zu erweitern und unsere Weisheit zu vergrößern, sofern wir das wollen. Natürlich möchte das nicht jeder; tatsächlich sind nur wenige Menschen bereit, die dafür erforderliche Selbstdisziplin aufzubringen.

Der Intellekt ist ein integraler Aspekt des Menschseins; er ist weder eine spezialisierte Fertigkeit noch ein angeborenes Talent. Jeder Mensch interagiert auf dreierlei Art mit der Außenwelt: indem er handelt, indem er fühlt und indem er die Eindrücke der Welt ordnet. Letzteres ist die Aufgabe des Intellekts. Natürlich ist das Geschick im Umgang mit diesem Aspekt unterschiedlich ausgeprägt, so wie auch einige Menschen körperlich beweglicher sind als andere oder die Gefühle mancher Leute leichter verletzt werden können als die von anderen. Aber so wie man lernen kann, seine körperlichen Fähigkeiten und emotionalen Reaktionen zu beherrschen und zu schulen, so läßt sich auch die Tiefe und die Kraft des Intellekts entwickeln.

Denken ist nicht gleichbedeutend mit Intellekt; es ist eine seiner Tätigkeiten. Das Denken ist immer assoziativ, es gliedert die einzelnen Gedanken in eine gewisse logische Reihenfolge, ordnet und klassifiziert sie in neue oder nützlichere Gruppen, tut dies aber immer auf der Grundlage bereits bekannter Konzepte und in Verbindung zur vertrauten bewußten Erfahrung. Auch die Denkfähigkeit läßt sich durch Übung weiterentwickeln. Das an den Universitäten geschulte „intellektuelle" oder akademische Denken gehört zu dieser Kategorie.

Der Intellekt ist jedoch ein übergeordneter Aspekt des Menschseins und beinhaltet mehr als logische Prozesse und die Einordnung von Daten. Er ist ein Organ, mit dem wir Eindrücke und Informationen empfangen. Er klassifiziert und verknüpft alle Eindrücke, die man im Lauf seines Lebens empfängt, wobei er allerdings nicht unbedingt rationale oder logische Regeln verwendet. Für ihn existieren auch andere Kriterien, nach denen Erfahrungen eingeordnet werden, zum Beispiel die individuelle Bedeutung, die sie für einen Menschen haben.

Der Intellekt hat eine emotionale Grundlage, und je mehr er entwickelt und erweitert wird, desto wichtiger wird die Rolle der persönlichen Bedeutung als Ordnungsfaktor. Zunehmende emotionale Klarheit produziert größere intellektuelle Macht. Wenn das Denken Sinnzusammenhänge erkennt, ändert sich seine Qualität, denn es verbindet sich auf dieser Ebene mit der Kraft der Gefühle. Man verliert sich dann nicht mehr so leicht in den Irrgärten komplizierter Konzepte und Denkstrukturen, die zwar ihre eigene Logik aufweisen, für das Leben jedoch bedeutungslos sind. Denken, das Sinnzusammenhänge einbezieht, bringt Tiefe und Kraft mit sich – und Kreativität.

Von einer emotionalen Grundlage aus an Dinge heranzugehen, bedeutet allerdings nicht, sich mit ihnen zu identifizieren. Wenn man etwas persönlich nimmt, wird man verletzlich, und die objektive Betrachtung wird durch Gefühle, Wünsche, Vorlieben, Unsicherheit und so weiter erschwert. Die charakteristische Eigenschaft des Intellekts ist aber Objektivität, wobei ich damit nicht mangelnde Anteilnahme meine, die eher in den bedeutungslosen Bereich des komplizierten, assoziativen Denkens gehört. Objektivität ist die Fähigkeit, Dinge stets im Rahmen eines übergeordneten Zusammenhangs zu sehen. Die Grundlage dieser Fähigkeit liegt im Erfassen von Sinnzusammenhängen. Der Intellekt ist zugleich Sinnesorgan, Denkmechanismus und Katalysator, durch den Erlebnisse mittels der kreativen Wahrnehmung, die man Einsicht nennt, transformiert werden.

Einsicht

Viele der wirklich neuartigen Ideen, die sich dadurch auszeichnen, daß sie in einem bestimmten Bereich neue Türen aufstoßen oder die Grundlage von Kunstwerken bilden, die die Jahrhunderte überdauern, entstehen als Folge einer Einsicht. Einsichten kommen meistens plötzlich, wie „aus heiterem Himmel", und zwar wie in dem berühmten Beispiel von Archimedes dann, wenn man sie am wenigsten erwartet. Dennoch setzt ein solcher Durchbruch unweigerlich viel Arbeit voraus. Die relevanten Fakten müssen überprüft und im Rahmen des assoziativen Denkprozesses logisch aufgearbeitet werden. Damit der kreative Sprung aber stattfinden kann, ist es anscheinend nötig, sich von diesem Prozeß abzukoppeln, indem man seine Aufmerksamkeit auf etwas anderes richtet. Es ist dabei unwichtig, ob man badet oder spazierengeht; entscheidend ist, daß die bewußte Konzentration auf ein Objekt gelöst wird und eine „Lücke" innerer Ruhe entsteht, durch die etwas, das einer gänzlich anderen Ordnung entstammt, ins Bewußtsein dringen kann. Je intensiver man sich mit einem Problem befaßt hat – unter Umständen bis zur völligen Erschöpfung –, desto wahrscheinlicher ist es, daß ein vorübergehendes Vakuum innerer Stille entsteht, durch das die gewünschten Resultate aus dem Unbewußten ins Bewußtsein gelangen können.

Wenn das Gehirn sich ausschließlich auf ein Problem konzentriert, geht auf der unbewußten Ebene ein Selektions- und Ordnungsprozeß vor sich. Dann findet im Prinzip dasselbe wie bei der Meditation statt, so daß das Unbewußte plötzlich eine Lösung zu einem bestimmten Thema oder einem Problem präsentieren kann. Manche Menschen haben gelernt, Umstände zu kreieren, in denen spontane Einsichten leichter möglich werden, in denen sich die Kraft der „Inspiration" leichter entfalten kann, von der Künstler und alle anderen Kreativen abhängig sind. In der Meditation stellt man regelmäßig fruchtbare Bedingungen her, in denen der Intellekt auf diese Weise kreativ sein kann. Dabei geht es allerdings weniger um konkrete Projekte als vielmehr um das Denken und die Sicht des Leben als Ganzes.

Meditation schafft die notwendigen Voraussetzungen für die Nutzung unbewußter Prozesse und Kräfte, die nach anderen Prinzipien und anderen zeitlichen Maßstäben funktionieren als das bewußte Denken. Potentielle Erfahrungen bleiben solange formlos, bis sie bewußt werden. Sich tieferer Erfahrungen bewußt zu werden und ihnen eine Form zu geben, indem man sie artikuliert oder entsprechend handelt, ist wahrhaft kreativ. Dann wird etwas völlig Neues geboren. Es gibt keine Grenzen für die Anwendung des Einsichtsvermögens. Das gesamte Leben und die ganze Wahrnehmung werden sich dadurch verwandeln.

Zeit und das Unbewußte

Wir brüten stundenlang über einem Problem, und plötzlich – wenn wir es am wenigsten erwarten – fällt uns die Lösung ein. Die meisten Menschen haben das schon einmal erlebt. Aber weshalb führt gründliches und logisches Denken meistens nicht auch zu einer Antwort? Weshalb müssen wir manchmal immer wieder mit dem Kopf gegen die Wand rennen, wenn uns die Lösung oder das fehlende Element manchmal Monate oder Jahre später wie aus heiterem Himmel in den Schoß fallen? Lösungen kommen nicht stückchenweise und allmählich, sondern ganz und sofort, und es spielt auch keine Rolle, wieviel Zeit wir mit der Suche verbracht haben. Sobald uns die Lösung eingefallen ist, formulieren wir sie im Rahmen unseres normalen Denkens.

Für das Unbewußte verläuft die Zeit nicht auf dieselbe Weise wie für das Bewußtsein. Zeit, wie wir sie normalerweise wahrnehmen, ist ein Prozeß bewußten Ordnens,

eine Anzahl aneinandergereihter „Gegenwärtigkeiten",
die in Gruppen zusammengefaßt werden, die Minuten,
Tage oder Wochen heißen. Zeit ist ein Prozeß logischer
Ordnung. Unbewußte Prozesse transzendieren diese Zeit-
einteilung, die ein Ordnungskonstrukt für den bewußten Alltag ist. Im Unbewußten können Ideen formuliert
und Verbindungen zwischen ihnen geknüpft werden,
ohne daß man sich dessen bewußt ist. Man bemerkt es
erst, wenn die Lösung bereits ins Bewußtsein dringt.
Die Wahrnehmung der Zeit kann unterschiedlich aus-
fallen. Unser Gefühl und die Zeit, die die Uhr mißt, stimmen nicht immer überein. Die besten Beispiele dafür
sind kritische Momente wie ein bevorstehender Auto-
unfall: In dem Augenblick, in dem die Unvermeidbarkeit
des Zusammenstoßes offensichtlich geworden ist,
scheint die Zeit auf dramatische Weise langsamer zu ver-
laufen. Die Leute sagen oft, daß sich alles „wie in Zeitlu-
pe" abgespielt hätte. Geschieht das, kann man sich später an den Unfall in allen Einzelheiten erinnern, weil
man anscheinend genügend Zeit hatte, alles wahrzunehmen, und sich – durch die Gegenwart des Todes
bedingt – besonders stark konzentrieren konnte. Auch
andere Ereignisse – wie zum Beispiel der erste Schock
beim Empfangen einer schlechten Nachricht – reißen
uns aus unserer gewöhnlichen Zeitwahrnehmung heraus. Ertrinkende berichten immer wieder, daß ihr gesamtes Leben in einem einzigen Augenblick vor ihnen
abläuft.
Auch weniger dramatische emotionale Zustände beeinflussen unsere Zeitwahrnehmung. Wenn wir verliebt
sind und auf den geliebten Menschen warten, kriechen
die Sekunden unendlich langsam dahin, aber wenn er
dann da ist, verfliegt die Zeit wie im Nu. Nichts gibt der

Zeit so bleierne Füße wie Langeweile, und nichts läßt sie schneller vorübergehen als interessante Ereignisse. Begebenheiten, die für unser Bewußtsein schon vor sehr langer Zeit geschehen sind, können auf der unbewußten Ebene noch sehr gegenwärtig sein und uns weiterhin beeinflussen. Sie können auch als Ergebnis eines langwierigen Prozesses plötzlich zutage treten, und es scheint dann, als hätten sie diesen hervorgerufen: Irgend etwas geschieht, lauter Erinnerungen werden wach, und man hat das Gefühl, dies sei „der Augenblick, auf den ich schon so lange gewartet habe".

Kreatives Denken

Wirklich kreatives Denken ist unabhängig von der Zeit, wie wir sie normalerweise erfahren. Man könnte sagen, kreatives Denken ist nicht anderes, als dem Unbewußten die Erlaubnis zu geben, so zu wirken, wie es möchte. Man muß zunächst alle relevanten Informationen sammeln und dann geduldig warten, bis neue innere Verbindungen hergestellt worden sind. Unbewußte Prozesse brauchen Zeit. Sobald das Material aber im Unbewußten komplett organisiert worden ist, wird die Erkenntnis oder Einsicht ins Bewußtsein dringen. Dann kann man bewußt damit arbeiten und sie einordnen. Hat man genügend Erfahrung mit der Meditation gesammelt, fällt es uns bedeutend leichter, den unbewußten Prozessen zu vertrauen, denn Vertrauen gehört zum Wesen der Meditation. Mit wachsendem Vertrauen wird auch der Prozeß besser sichtbar.

Es lassen sich zwei Arten kreativen Denkens unterscheiden. Die erste ähnelt einem langsamen Riesenrad, das sich gemächlich dreht. Man ist sich der Tatsache bewußt, daß sich „etwas tut", daß sich im Inneren irgend etwas ändert, man spürt eine Art Schieben und Ziehen, aber man kann nicht genau sagen, was es ist oder wohin es führen wird. In der Meditation entspricht dieser Zustand der regelmäßigen Anstrengung und dem Gefühl, daß im Inneren ein Wandlungsprozeß stattfindet.

Im Denkprozeß hat man dieses Gefühl, wenn man sich bemüht, etwas zu verstehen. Man befaßt sich immer wieder mit dem betreffenden Thema, und manches wird allmählich auch ein wenig klarer; man erahnt Bedeutungen, die man jedoch noch nicht ganz erfassen kann. Dieser Prozeß kann Wochen oder sogar Jahre dauern. Man kann spüren, wie dieser Prozeß weiterhin wirkt, auch wenn man mit anderen Dingen beschäftigt ist. Eines Tages versteht man dann plötzlich, was man verstehen wollte. Auf die regelmäßige Meditation bezogen heißt das, man merkt eines Tages, daß man sich tatsächlich geändert hat; es wird uns klar, daß man nicht mehr so reagiert, wie man noch vor einem Jahr reagiert hätte. Man hat sich – im wahren Sinne des Wortes – erneuert.

Den zweiten kreativen Denkprozeß könnte man mit einem Reifungsprozeß wie einer Schwangerschaft vergleichen. Es ist, als brüte man im Dunkeln etwas aus. Es geht hierbei nicht so sehr um die wiederholte Beschäftigung mit einem Thema und dem Gefühl unbestimmter Veränderungen wie beim ersten Prozeß, sondern um ein stetiges Heranreifen an einem Ort, der sich allen Blicken entzieht. Das Resultat tritt voll ausgebildet zutage. Wenn man beispielsweise „eine Idee im Hinterkopf" behält, macht man sich diesen Mechanismus zunutze: Man läßt die Idee dort ruhen und wartet, bis sie samt aller erforderlichen Verbindungen wieder auftaucht, nicht als nur

Meine Insel der Stille

teilweise geformtes „Samenkorn" einer Idee, sondern vollständig ausgebildet und direkt umsetzbar.

Diese beiden kreativen Denkprozesse finden gleichzeitig statt, um Sinnzusammenhänge zu erkennen und etwas wirklich Neues in die Welt zu setzen. Das assoziative Verknüpfen von Ideen hat nicht annähernd die vergleichbare Kraft und Tiefe. Der kreative Prozeß hingegen kann sowohl Menschen als auch Ideologien verwandeln, weil die mit seiner Hilfe gewonnenen Einsichten schlicht nützlich sind und außerdem eine Erklärungsgrundlage für viele andere Dinge bieten. Alle großen Durchbrüche – Quantensprünge, die Individuen, Gruppen oder die Menschheit als Ganzes gemacht haben – entstammen der Einsicht, der kreativen Vision beziehungsweise dem nicht-ursächlichen, nicht-assoziativen Denken. Durchbrüche dieser Art ereignen sich natürlich auch ohne Meditationstraining, aber Meditation wirkt auf den Intellekt und entwickelt dessen kreative Möglichkeiten systematisch weiter.

Die Überwindung der Zeit

Eine weitere Konsequenz, die sich aus der Entwicklung des Intellekts und dem Erkennen von unbewußten Prozessen ergibt, ist die Fähigkeit, in der Zeit vorwärts oder zurück zu blicken. Ich habe dies bereits im vorigen Kapitel im Zusammenhang mit den paranormalen Kräften erwähnt und dabei einen Unterschied zwischen dem eher zufälligen Blick auf zukünftige Ereignisse und einem sinnerfüllten „Sehen" gemacht.

Findet man die Lösung für ein Problem, so hat man in gewisser Weise eine Vision von ihrer zukünftigen Anwendung. Manche Leute beschreiben ihre Einsichten so, als wären diese bereits in einer anderen Zeit Realität geworden. Hat man erst einmal einen Blick in die Zukunft geworfen und die Auswirkungen der Einsicht gesehen, kann man sie in Ideen umwandeln und sich daran machen, sie in der gegenwärtigen Welt zu verwirklichen. Wenn sie dann tatsächlich Wirklichkeit geworden ist, hat diese zwar nicht immer die Form, die man vorhergesehen hat, aber im großen und ganzen stimmt sie mit der Idee überein. Die Einzelheiten haben dabei keine wesentliche Bedeutung. Je genauer man versucht, etwas vorherzusehen, desto eher wird sich die Vorhersage nicht mit der eintreffenden Aktualität decken. Denn die Kräfte, die bei der Konkretisierung und Gestaltung eines Konzepts ins Spiel kommen, besitzen eine Eigendynamik.

Die Zukunft vorherzusehen ist oft nichts anderes, als die Logik einer gegenwärtigen Situation zu durchschauen. Es geht also nicht nur um die mysteriöse Wahrnehmung zukünftiger Ereignisse; Vorherschau ist auch das Resultat eines von persönlichen Interessen freien und klaren Erkennens der gegenwärtigen Situation, das alle Möglichkeiten vorurteilsfrei betrachtet und ihnen gestattet, so zu sein, wie sie sind. Die Samen der Zukunft liegen alle in der Gegenwart. Das Geheimnis ihrer Erkenntnis besteht darin, die gegenwärtigen Fakten frei von Verhaftungen zu „lesen" (statt sie zu interpretieren), denn auf diese Weise kann die ihnen innewohnende Logik und Entwicklung klar zutage treten. Es ist allerdings sehr schwierig, die Gegenwart wirklich zu sehen. Die getönte Brille, durch die wir normalerweise blicken, färbt alles mit unseren persönlichen Gefühlen und Reaktionen. Nur wenn diese Brille wirklich durchsichtig geworden ist und wir nicht mehr verhaftet sind, läßt sich die Kunst des Sehens wahrhaft meistern. Meditation macht unsere Brille durchsichtiger und erweitert die Grenzen unseres Universums.

Viele Menschen haben wahrscheinlich schon einmal auf diese Weise in die Zukunft geblickt, auch wenn sie das nicht artikuliert oder weiter darüber nachgedacht haben. Aber nur, wenn man sich diese Fähigkeit bewußt macht und weiß, was man tut, kann man sie auch nutzen. Manche Menschen erkennen beispielsweise das Wesen und Geschlecht eines ungeborenen Kindes. Da das neue Leben für die Mutter ein Teil des eigenen Lebens und Körpers ist, hat dieses Wissen für sie eine große Bedeutung – nicht nur, weil sie nun weiß, welche Farbe das Kinderzimmer haben soll. Es geht hier nicht um Wunschdenken, wie Außenstehende meinen könnten, denn dieses Wissen ist über jeden Zweifel erhaben. Allerdings sprechen Frauen, die über diese Fähigkeit verfügen, instinktiv und aus gutem Grund nicht darüber.

Ein anderes Beispiel für den spontanen Blick in die Zukunft ist das starke intuitive Gefühl, das man empfindet, wenn man an einen Ort kommt, an dem man noch nie gewesen ist und zu dem man keinerlei Verbindung hat. Später erweist sich dann, daß das Gefühl korrekt war, weil man nun dort wohnt oder arbeitet, weil man dort die große Liebe gefunden hat oder weil sich etwas ganz Wichtiges ereignet hat, das speziell mit diesem Ort zusammenhängt.

Was ist geschehen? Man könnte sagen, die ursprüngliche Empfindung war eine Wahrnehmung der Zukunft; ein Teil des Menschen wußte bereits, welche Situation in fünf Jahren eintreten würde. Betrachtet man das Phänomen auf diese Weise, wird uns eine Methode an die

Hand gegeben, reale Wahrnehmungen auf sehr nützliche Weise zu interpretieren – natürlich nur, wenn man sie überhaupt bemerkt und an sie glaubt. Tut man das nicht, bleibt die Wahrnehmung verschwommen und verschwindet wieder. Damit man etwas wahrnimmt, muß das Bewußtsein sich damit verbinden. Da wir unsere Wahrnehmung durch das lenken, was wir erkennen und als wichtig akzeptieren, nehmen manche Leute Dinge wahr, die andere nicht sehen können.

Je mehr man sich bewußt wird, auf welche Weise Ereignisse die Zeit transzendieren, desto öfter wird man sie wahrnehmen; anders gesagt, desto häufiger werden sie sich ereignen. Jeder Mensch ist Schöpfer seiner Wirklichkeit. Es ist wichtig, den Erfahrungen zu vertrauen, die der Intellekt für Einsichten in das Wesen der Wirklichkeit hält, insbesondere dann, wenn andere Menschen – deren Vorstellung von der Wirklichkeit solche Erfahrungen ausschließt – uns widersprechen oder derartige Erlebnisse für unmöglich halten. Zweifel sind ansteckend, vor allem deshalb, weil es leichter ist, etwas anzuzweifeln, als sich die Mühe zu machen, das eigene Bewußtsein zu erweitern und sich eine größere Weltsicht anzueignen. Auch der blinde Glaube hilft nicht weiter, denn man erweitert seinen Horizont nicht, indem man Dinge für wahr hält, die man nur aus zweiter Hand kennt. Vertrauen heißt, seine Zweifel solange beiseite zu schieben, bis man aus eigener sinnlicher Erfahrung unumstößlich weiß, ob etwas wahr ist oder nicht. Es ist allerdings zwecklos, andere Menschen davon überzeugen zu wollen; sie werden uns erst dann etwas glauben, wenn auch sie es aus eigener Erfahrung kennen.

Wir müssen mit dem Wissen über die Zukunft behutsam umgehen, sonst verwandelt es sich von etwas Bedeutsamem in etwas Banales oder Falsches. Man darf dieses Wissen nicht zum persönlichen Vorteil mißbrauchen. Es kann bereits eine Form von Mißbrauch sein, darüber reden zu wollen, weil man unbewußt hofft, von anderen als etwas Besonderes angesehen zu werden. Prophezeiungen, die man aus reiner Neugier, Geltungsdrang oder Machtbesessenheit ohne zwingende Notwendigkeit verkündet, treffen meistens nicht ein. Mit den genauen Details ist es meistens nicht anders, denn diese werden sich immer anders entwickeln als vorhergesehen. Wirklich vorhersehbar ist lediglich das, was so bedeutsam ist, daß man in der Gegenwart diesem Wissen entsprechend handelt. Diese Handlungen tragen dann zur Verwirklichung dessen bei, was man in seinen Grundzügen vorausgesehen hat. Bedeutungslose Details basieren höchstwahrscheinlich auf Wunschdenken, und sie werden aufgrund ihrer Bedeutungslosigkeit auch durch unsere Handlungen nicht hervorgerufen werden können.

Dies führt zu der wichtigsten Frage überhaupt: Sieht man eine bereits festgelegte Zukunft voraus, die sich unweigerlich entfalten wird, oder ist dieses Sehen mehr das Wahrnehmen einer Zukunft, die man durch sein Sehen erschafft? Ist letzteres wahr, sind wir wieder mit dem Element des Willens konfrontiert, jener kreativen Kraft, die zu unseren intellektuellen Fähigkeiten gehört. Die Sichtweise, derzufolge die Zukunft etwas bereits Feststehendes ist, geht recht naiv von dem Gedanken aus, daß die lineare, bewußte Zeit die gesamte Wirklichkeit ist.

Der Blick in die Vergangenheit ist in mancherlei Hinsicht einfacher als der Blick in die Zukunft. Ich bin in diesem Abschnitt auf die Vorherschau näher eingegangen, weil sie die Prinzipien der visionären Sicht und ihren

Wert für das Wachstum unseres Wesens illustriert. Der Schlüssel zu all diesen Kräften liegt in Bedeutsamkeit und Sinn, da diese einer Dimension entstammen, in der die Zeit nicht so funktioniert, wie unser Bewußtsein sie kennt. An ihre Stelle tritt ein Gewebe aus Sinn und Bedeutung. Wenn etwas aus der Vergangenheit Bedeutung für uns hat, dann haben wir auch Kontakt zu dessen Sinngehalt und dem faktischen Ereignis, das diesen Sinn verkörperte, denn die Bedeutung ist noch immer vorhanden. Bedeutung ist niemals „Vergangenheit", denn sie ist immer mit unserer gegenwärtigen Wahrnehmung verknüpft.

In die Stille

Der Intellekt ordnet unsere Erfahrungen und legt fest, was wir wahrnehmen können. In diesem Kapitel wollte ich aufzeigen, wie wir die Welt unserer Wahrnehmungen vergrößern können. Einige Fähigkeiten, die uns aus der Entwicklung des Intellekts erwachsen, wurden detailliert besprochen, so daß wir nun über eine Struktur verfügen, in deren Rahmen die wirkenden Prinzipien verständlich sind. Es ist wichtig, zu wissen, daß all diese Fähigkeiten zu unserem Erbe als Menschen gehören und nicht in irgendwelche fremdartigen Gefilde übersinnlicher Kräfte.

Meditation ordnet sowohl die normalen als auch die außergewöhnlichen Erfahrungen in sinnvolle Strukturen ein. Diese Ordnung ist die Grundlage dafür, daß Erfahrungen einer anderen Größenordnung gemacht werden können. Wenn man sich ständig mit einem chaotischen Gefühlsleben und einer moralischen Leere beschäftigen muß, hat man weder Zeit noch Energie dafür, eine auf Einfachheit und Ganzheit basierende Bewußtheit zu erkennen, geschweige denn, sie zu erforschen und zu erweitern.

Das Gebiet, das sich uns durch Meditation erschließt, ist zunächst neu und unbekannt, wird dann aber immer vertrauter. Das heißt nicht, daß die Erfahrungen, von denen hier die Rede ist, nur durch Meditation erreicht werden können, sondern lediglich, daß diese uns dabei hilft, diese Erfahrungen zu verstehen. Dadurch können wir sie integrieren, ohne von ihnen überwältigt zu werden, wie es manchmal bei spontanen „mystischen Erfahrungen" der Fall sein kann.

Meistens ist die Tür zum Unbekannten verschlossen. Meditation öffnet sie Stück für Stück, enthüllt den Weg des Wissens, der ins Unbekannte führt, und befähigt uns, Schritt für Schritt darauf voranzuschreiten. Es ist der Weg in die Stille, in die ursprüngliche, machtvolle Stille, aus der heraus alle Welten geboren werden.

10
Stille

Der Geist wird still, wenn der Intellekt arbeitet, und auch der Erkenntnisbereich, den er uns eröffnet, hat dasselbe offensichtliche Merkmal: Stille. Im gewöhnlichen Leben gibt es Zeiten, in denen der Geist still wird und in einer Art Leere ruht. Der Unterschied zwischen diesem Zustand und der normalen Aktivität assoziativer Denkvorgänge und des ständigen inneren Dialogs ist erstaunlich. Wird man sich aber dieser Stille bewußt, hört sie normalerweise sofort auf. Der innere Dialog beginnt sofort von neuem, indem er die Stille kommentiert, denn es liegt in der Natur des Geistes, die Leere zu verabscheuen.

Aber in dieser scheinbaren Leere entsteht das wahre, das kreative Denken. Meditation fördert und trainiert die Fähigkeit, sich diese Kraft der Stille nutzbar zu machen. Mit Hilfe des Willens, der nicht mit Wollen oder Eigensinn gleichzusetzen ist, entledigt sich der Geist der mechanischen Gedankenabläufe und Tagträume, und wenn das Bewußtsein an diesem Punkt stabil ist und der Zustand aufrechterhalten werden kann, strömt „von oben" eine ungeahnte Fülle in diese Stille ein, nicht „von unten", von wo das mentale Geschwätz stammt. Die erste Stufe dieser Bewußtseinsebene ist kreatives Denken. Auf jeder Stufe, in jeder weiteren Dimension wird die Stille immer tiefer.

In diesem Kapitel befasse ich mich näher mit dieser Dimension, gehe über die persönliche Sinngebung und auch über den langwierigen Prozeß kreativen Denkens hinaus und beschäftige mich mit den reiferen Bewußtseinsebenen, auf denen allerdings immer noch eine persönliche Identität vorhanden ist. Man ist sich seiner selbst noch bewußt, hat aber schon Kontakt zu etwas Größerem, das man das Göttliche, Gott, das Numinose oder auch einfach Erkenntnis nennen kann. Welchen Namen man diesem Etwas gibt und welche Beschreibung man für die beste hält, hängt von der persönlichen Veranlagung ab und offenbart den Grund, aus dem man an diesen Punkt gelangt ist. Da die tiefsten Beweggründe der Menschen unterschiedlicher Natur sind, beschreibt jeder das, was er hier wahrnimmt, auf unterschiedliche Art. Auf dieser Ebene erkennen wir eine Wirklichkeit, die unsere tiefsten Motivationen erfüllt. Aus diesen unterschiedlichen Beweggründen entstehen die größten Konflikte der Menschheit.

Es ist wichtig, zu erkennen, daß die Wirklichkeit nicht die Beschreibung ist, die man ihr gibt, und daß sie dies auch nicht sein kann. Es gibt verschiedene Götter, aber alle Gottheiten, die in Worte und Vorstellungen „gekleidet" werden können, sind letztlich nur Umschreibungen für jene Unendlichkeit, die durch keine Worte beschrieben werden kann.

Beweggründe

Die vielen verschiedenen Weisen, auf die Menschen das Göttliche oder die allumfassende Wirklichkeit beschreiben, lassen sich in drei grundsätzlich unterscheidbare Ansätze einteilen, die sich bei unterschiedlichen Individuen, Kulturen und Religionen erkennen lassen.

Manche Menschen fühlen sich zum Licht und allem, was es auf der psychologischen Ebene repräsentiert, hingezogen. Dazu gehören alle Formen der Anbetung, das Zelebrieren von Gottes Herrlichkeit und des Göttlichen überhaupt und die Suche nach einer Macht, vor der man auf die Knie fallen kann. Dies ist die Sehnsucht nach Strahlung und Kraft – und nach Erleuchtung.

Andere Menschen suchen das Dunkle, die Unergründlichkeit des Anfangs oder Ursprungs, die Quelle, aus der alle Erscheinungen entspringen. Diese Sehnsucht findet ihren Ausdruck im Wissensdurst, dem Wunsch, den Dingen auf den Grund zu gehen. Sie möchte ins Dunkle vordringen, in dem der Ursprung aller Dinge verborgen liegt, und in das Mysterium der Macht und des Gottes im Menschen. Dies ist der Weg der Erkenntnis.

Wieder andere Menschen suchen die Kommunion, eine Beziehung zum Höchsten und letztlich die Einswerdung mit ihm. Dieser innere Antrieb ist der Grund für die Beziehung zwischen dem Liebenden und der Geliebten, für die Sehnsucht nach Einheit, für Selbstkasteiung und für das Bedürfnis, Opfer darzubringen.

Wie bei allen psychologischen Klassifikationen schließen sich diese Kategorien nicht gegenseitig aus. Alle drei sind bis zu einem gewissen Grad in jedem Menschen und in jeder Religion vorhanden. Je mehr man sich jedoch auf Einfachheit zubewegt und die Grundstrukturen erkennt, aus denen die komplizierten Muster jeder Identität geknüpft werden, desto klarer werden auch die ursächlichen Beweggründe und Neigungen. Die tiefen inneren Antriebe geben jedem Wesen seine besondere Note, seinen Charakter, und sie legen fest, was für einen Menschen besonders wichtig ist. Wäre uns alles gleich, gäbe es keine Unterschiede zwischen verschiedenen Menschen und ihren Ideologien. Aber daß es Unterschiede gibt, ist nicht zu übersehen.

Versteht man, daß die ursächlichen Beweggründe Ausdruck einer Voreingenommenheit sind – die so tief im Unbewußten verankert ist, daß man sie kaum erkennen kann –, so erklärt sich auch die Bitterkeit und Leidenschaft, mit der sich die Menschen bekämpfen. Jeder Mensch findet genau das, was er in seiner Sehnsucht nach dem Göttlichen sucht, und das, was er findet, hält er für Gott. Die Methode der Suche bestimmt, welche Aspekte der Wirklichkeit erkannt werden können und legt fest, auf welche Weise man sie beschreibt. Die Wirklichkeit läßt sich jedoch durch keine Beschreibung einfangen.

Götter

Es lohnt sich, das Wesen unseres höchsten Strebens näher zu betrachten. Man könnte sagen, der Begriff „Gott" definiert das, was ein Mensch als das Höchste betrachtet. Wenn für ihn beispielsweise Arbeit das Wichtigste im Leben ist, so daß es ohne sie völlig sinnlos wäre, dann ist für ihn die Arbeit „Gott". Denn selbst wenn er neben seiner Arbeit noch an ein göttliches Wesen glaubt – wie es ihm seine Religion vorschreibt –, würde er sich, wenn es darauf ankäme und er zwischen beiden wählen müßte, für das Wichtigste, also für seinen „Gott", entscheiden, und in diese Richtung würde auch die Energie seines höchsten Strebens fließen. Lippenbekenntnisse, Pflichtgefühl oder Brauchtum sind keine Ausdrucksformen des höchsten Strebens, das einen Menschen auf lange Sicht formt.

So betrachtet, ist unsere scheinbar gottlose Gesellschaft voller Götter. Leider ist unser Streben in dieser

Hinsicht ziemlich beschränkt und oft nicht von Dauer. Wenn die Arbeit, die Familie, das Vergnügen, der künstlerische Erfolg oder Wohlstand das höchste Ziel und somit zu Göttern geworden sind, was geschieht dann, wenn sie ihren Sinn verlieren? Entweder man zerbricht daran, oder man sucht nach einer übergeordneten Definition des Höchsten, das man anstreben kann, um sein Leben wieder in den Griff zu bekommen. Je größer unser Streben ist, desto mehr hilft es uns, mit Veränderungen und Leiden umzugehen. Was wir bewußt oder unbewußt als das Höchste sehen, wird zu unserem Gott. Unabhängig davon, ob unser höchstes Bestreben seine Erfüllung findet oder nicht, stellt es die oberste Grenze unseres möglichen Erfolgs dar. Je höher wir streben, desto weiter können wir uns entwickeln. Das Streben ist immer höher als das, was wir sind, aber es ist auch die Kraft, die uns zu sich emporzieht.

Auch im Bereich der Meditation ist es wichtig, zu wissen, was man als sein höchstes Streben betrachtet, denn auch hier wird dadurch festgelegt, wie weit man überhaupt kommen kann. Man kann nicht über eine beschränkte Betrachtungsweise hinausgehen. Bei einem Unterfangen mit offenem Ausgang – und das ist Meditation in Wirklichkeit – ist jede Vorstellung eine Grenze, egal wie hoch man sie gesteckt hat. Sie wird die eigenen Möglichkeiten auf das Vorstellbare begrenzen. Damit man also die ganze Fülle der Meditation erfahren kann, muß die Idee von Gott, dem Göttlichen oder der Erleuchtung über alle Bilder und Vorstellungen hinausgehen. So ist es beispielsweise möglich, sich einer allumfassenden Ordnung bewußt zu werden, die sich jedem normalen Verständnis entzieht. Wenn man dieser Idee vertraut, kann sie als Hilfsmittel und als ausreichend großer Bezugsrahmen für die Meditation dienen. Was ein Mensch als das Höchste betrachtet, hängt von seiner Persönlichkeit ab. Als Beispiele für die unterschiedlichen Sehnsüchte sollen an dieser Stelle drei Menschen dienen, die an einem Sommertag im Wald spazierengehen. Der eine ist entzückt von der unermeßlichen Schönheit des Waldes, von den Sonnenstrahlen, die durch das Blätterdach dringen, von den vielen Blumen im duftenden Gras und dem Gesang der Vögel; er wird in Bewunderung, wenn nicht gar Anbetung, versinken.

Der zweite möchte die Essenz der Schönheit verstehen und wird den Fragen nach dem eigentlichen Wesen seiner Erfahrung und der „Baumhaftigkeit des Baumes" nachgehen, ganz gleich, wohin sie führen. Für diesen Menschen ist die Wahrnehmung von Schönheit nicht so sehr eine Offenbarung des Wunders der Schöpfung, wie beim ersten, oder ein Zustand, dem man sich in Stille überlassen kann, wie beim dritten, sondern vor allem ein Anreiz, das „Warum" und „Weshalb" der Schöpfung zu erkennen.

Der dritte wird sich angesichts der unermeßlichen Schönheit hinsetzen und sich in Stille mit dem Geist des Waldes verbinden oder sich eins damit fühlen.

Der Erste repräsentiert den Lichtaspekt, der Zweite das Verlangen nach Erkenntnis, nach Erforschung des Dunkels, und der Dritte das Streben nach Kommunion, nach Einswerdung.

In Wirklichkeit vermischen sich bei jeder persönlichen Reaktion alle drei Möglichkeiten. Es läßt sich jedoch immer ein ursächlicher Beweggrund ausmachen, der sich anhand der Reaktion auf eine bestimmte Situation erkennen läßt. Die Form einer religiösen Erfahrung spiegelt das wider, was ein Mensch als ultimativen Sinn finden möchte, und jede Religion ist in ihren Grundsätzen voreingenommen.

In beinahe allen traditionellen Religionen oder Mythologien findet man eine Dreifaltigkeit, eine Gruppe, die drei eng miteinander verbundene Aspekte darstellt. Das zeigt, wie wichtig Dreiheiten für uns Menschen sind. Jede echte Ganzheit hat drei Aspekte. Man sollte jedoch vorsichtig sein, eine Dreifaltigkeit anhand einer anderen erklären zu wollen, da die meisten Mythen äußerst vielschichtig sind.

Dreifaltigkeiten gibt es auf den verschiedensten psychologischen Ebenen. So repräsentiert die christliche Dreifaltigkeit nicht das gleiche wie Brahma, Vishnu und Shiva, sondern verkörpert eine andere Sicht des Göttlichen. Dennoch gibt es gewisse Gemeinsamkeiten: ein Prinzip übernimmt immer die Initiative und ist aktiv, das zweite empfängt oder verkörpert, und das dritte durchdringt alles und wirkt ausgleichend. Man kann auch sagen, das eine bejaht, das andere negiert und das dritte vereint. Diese Darstellung spiegelt sich in den drei ursächlichen Beweggründen wider. Der erste bestätigt im Grunde die Schöpfung und die ihr innewohnende Kraft, der zweite verleugnet sie als Illusion und sucht ihre Ursprünge und Ursachen, und der dritte bringt die Veränderungen in ein Gleichgewicht, damit die Einheit der Schöpfung gewahrt bleibt.

Meditation und Wahrheit

Die individuelle Grundmotivation eines Menschen, die ihm innewohnende Weltsicht bedingt, auf welche Weise er nach Gott sucht, aber auch, auf welche Weise er die

Einswerdung mit ihm erfährt. Hierin besteht die Gefahr, die der Auslöser vieler Konflikte und Mißverständnisse ist. Das Problem besteht nämlich darin, daß uns dieses „Sehen" unweigerlich als Offenbarung der Wahrheit erscheint; als die einzig richtige Art, das Göttliche zu sehen. Der Seher sieht seinen Gott, erfährt tatsächlich die höchste Wirklichkeit, für die es wert ist, zu leben, zu kämpfen und zu sterben. Ist dieser Gott für den Sucher die Verkörperung von Liebe und strebt er danach, sich mit ihm zu verbinden und eins zu werden, so wird er die Religionen und die Menschen, die Gott als strengen, gesetzgebenden Vater sehen oder das Funktionieren des Kosmos erforschen wollen und Wissen über Verehrung stellen, unausweichlich für falsch, unwahr oder unwichtig halten.

Das entspricht dem Wesen unserer ursächlichen Beweggründe und der durch sie bedingten Wahrnehmung. Durch Meditation kann diese Gefahr zunächst sogar noch größer werden, da man der Wirklichkeit aufgrund der eigenen Konditionierung begegnet. Da es in dieser Phase nicht mehr um Ideen oder Überzeugungen geht, sondern um die persönliche Erfahrung, scheinen sich der eigene Standpunkt und die persönliche Wahrnehmung zu bestätigen. Deshalb ist es absolut notwendig, den Prozeß zu verstehen, in dem sich die tieferen Erfahrungen abspielen, und zu akzeptieren, daß es die drei skizzierten Grundmotivationen gibt, jedoch zu verstehen, daß es darüber hinaus immer noch mehr gibt. Letztlich kann die Meditation uns zum Ursprung aller ursächlichen Beweggründe führen, wo wir alle drei Aspekte erleben und verstehen werden.

Die Phase, in der eine fundamentale (persönliche) Bedeutung erfaßt wird oder Offenbarungen stattfinden, ist noch nicht das Ende der Reise. In ihr konfrontiert die Meditation den Meditierenden mit seinen ursächlichen Beweggründen. Viele Übende, die ihr Bewußtsein erweitert haben und an diesem Punkt angelangt sind, hören auf, sobald sie die Wahrheiten oder Einsichten dieser Ebene erfahren haben, da sie endlich das gefunden haben, wonach sie gesucht hatten. Derartige Offenbarungen, gekoppelt mit einer beträchtlichen persönlichen Macht und einem Charisma, die aus diesen (wahrhaft außergewöhnlichen) Erfahrungen entstehen, reichen aus, um eine neue Religion, Sekte oder Bewegung zu gründen, wenn derjenige, der diese Erfahrungen gemacht hat, zutiefst davon überzeugt ist, daß die von ihm gesehene Wahrheit verbreitet werden muß.

Am Anfang des Buches habe ich die Meditation mit einer Reise verglichen. Der Meditierer hat, an dieser Stelle der Reise angelangt, eine große innere Tiefe erfahren. Er hat alle vorherigen Stationen hinter sich gelassen und bis hierher durchgehalten, obwohl ihm im Laufe der Reise die verschiedensten Offenbarungen zuteil wurden, von denen er jede für die letzte Wahrheit hätte halten können. An diesem Punkt angekommen, besitzt er eine große Einfachheit und daher große Macht, was noch sehr viel verführerischer ist. Am Anfang des Buches habe ich diese Situation damit verglichen, daß sich der Suchende nun in einem kleinen, stabil gebauten Ruderboot befindet (obwohl er seine Reise auf einem stolzen Prunkschiff begonnen hat) und endlich in Reichweite des ersehnten Ziels ist. Das kann ein Stern sein, der die tiefste innere Sehnsucht verkörpert, oder eine Quelle des Lichtes, die Verehrung verlangt; es kann das Dunkel des Weltraums sein mit all dem Wissen, das er auf unzähligen Welten und Sternensystemen bereithält; es kann aber auch die Erkenntnis sein, daß der Stern und die Dunkelheit und man selbst Teile einer einzigen wunderbaren Wirklichkeit sind und die Vereinigung mit ihnen die Reise für immer zu einem Ende bringt. Gleichwohl kann dies nicht die höchste Form der Wirklichkeit sein, da es immer noch Unterschiede hinsichtlich dessen gibt, was bedeutsam ist. Man muß das Boot verlassen. Das Symbol des Bootes steht für die Meditation an sich; für das Fahrzeug, mit dem man sich auf die Reise gemacht hat; für die Methode, die uns zur Konfrontation mit dem tiefsten Teil unseres individuellen Selbst geführt hat. Das Boot zu verlassen heißt, den Sprung ins Unbekannte zu wagen. Die Reise selbst ist kein stetiges Fortschreiten auf ein Ziel zu, das man sich von Anfang an – wie bruchstückhaft auch immer – vorstellen konnte; in dieser Phase erfordert sie einen Quantensprung in eine neue Dimension.

Irgendwann müssen wir sogar die Meditation hinter uns lassen.

Der innere Tempel

Meditation ist nicht nur eine Übungspraxis, die man zu bestimmten Tageszeiten ausführt. Im Laufe der Zeit wird sie zu einer Lebensweise, die jeden Aspekt der persönlichen Wirklichkeit beeinflußt. Bereits nach kurzer Zeit regelmäßiger Meditation bemerkt man, sobald man seine Aufmerksamkeit auf den inneren Ort der Meditation richtet, daß der Prozeß auch außerhalb der dafür bestimmten Zeiten weitergeht. Sobald der Klang oder das Objekt der Meditation in der Psyche verankert ist, ist es für immer dort. Um das Pflanzen dieses Samens zu unterstützen, sollte die Initiation, in deren Rahmen der Meditierende einen Fokus für seine Aufmerksamkeit erhält, eine gewisse zeremonielle Formalität haben. Der erste Schritt zum Bau des inneren Tempels besteht darin, einen psychischen Raum zu kreieren, in den man um so leichter zurückkehren kann, je deutlicher er abgegrenzt worden ist und je mehr er durch besondere Zeremonien emotional besetzt wurde.

Durch kontinuierliche Meditation wird uns dieser Raum immer vertrauter; er wird stärker und machtvoller und zu einem Ort der Ausgeglichenheit und einer Quelle der Kraft, mit deren Hilfe man besser mit den oft banalen, aber immer anstrengenden Herausforderungen des alltäglichen Lebens umgehen kann (zum Beispiel, wenn man drei dringende Sachen auf einmal erledigen muß, obwohl man erkältet ist und eigentlich keine Zeit hat). Wenn man den Ort der Meditation kennt, kann man dorthin gehen und von dort aus handeln.

Die Bedeutung des Meditationsobjekts ist rein funktioneller Natur. Dahinter liegt die Stille. Während einer Meditationsübung lösen sich der Klang oder das Bild manchmal in dieser Stille auf, und man folgt ihnen dorthin. Das ist allerdings nicht gleichbedeutend mit mangelnder Aufmerksamkeit oder Tagträumerei.

Diese Stille ist dieselbe, in der auch das kreative Denken stattfindet; sie ist charakteristisch für alle Ausflüge in höhere Seinsweisen, so kurz diese auch sein mögen. Man erkennt die Stille nicht nur daran, daß der ständige Lärm des Verstandes und sein dauernder Kommentar fehlen, sondern vor allem an einer Macht, die sowohl leer als auch voll ist. Wer sie einmal erfahren hat, vergißt sie nie wieder. Diese Stille hat nichts damit zu tun, daß der Verstand nicht mehr denken kann, weil er gestört oder dazu unfähig ist. Sie ist voll, äußerst lebendig, fast pulsierend zu nennen, und obwohl sie nicht greifbar ist, hat man ein Gefühl der Fülle.

Diese Ebene der Stille ist in allem vorhanden; auf diese Ebene des Einfachen, das dem Komplexen zugrundeliegt, kann man immer wieder gelangen, wenn man sie einmal kennengelernt hat. Die Stille ist immer da, selbst wenn der Verstand seine Selbstgespräche führt, und es ist wichtig, in ihre Existenz zu vertrauen, denn sobald man ihr vertraut, beginnt man sie zu spüren. Dann wird sie zur bewußten Wirklichkeit.

Quietismus

Es birgt Gefahren in sich, die Stille um ihrer selbst willen anzustreben: die Gefahr des Quietismus. Stille, Schweigen und ein ruhiger Geist sind äußerst angenehm. Schätzt man den Zustand der Stille und Ruhe jedoch um seiner selbst willen, neigt man dazu, Konflikte zu vermeiden und jeder Situation, die uns die Ruhe rauben könnte, aus dem Weg zu gehen. Man verdrängt negative Gefühle wie Wut oder Aggression, statt sich mit ihnen auseinanderzusetzen. Die Überbewertung der Stille führt letztlich zu einer Passivität, in der das eigene Handeln weniger wichtig wird als einfach nur dazusitzen und ruhigen Geistes zu kontemplieren. Oft entsteht dann auch die Überzeugung, dies sei der bestmögliche Zustand für die gesamte Menschheit, da das Alltagsleben, verglichen mit der inneren Stille, tatsächlich ziemlich banal erscheinen kann.

Es gibt eine ganze Reihe Bücher über Meditation, in denen die Welt als irrelevant oder gar als Hindernis für das Leben auf höheren Ebenen betrachtet wird und in denen ein reglos in ständiger Meditation verharrender Mensch als höchste Manifestation der Existenz geschildert wird – so als wäre Nichtstun das Beste im Leben. Passivität, wie sie der Quietismus verherrlicht, ist tatsächlich eine ernste Versuchung, denn das Verweilen in der Welt der Stille bringt sehr viel Freude, Frieden und Erfüllung mit sich. Aber ist es wirklich die höchste Bestimmung des Menschen, nichts anderes mehr zu tun? In diesem Sinn ist Meditation gefährlich. Sie kann es unmöglich machen, ein normales Leben zu führen, wenn die Zustände der Ruhe und Bedeutung nicht Grundlage zum Handeln in der Welt werden. Aus der Kraft der Stille entstehen kreative Möglichkeiten. Jede Handlung, ganz gleich wie banal sie sein mag, kann auf kreative Weise verwandelt werden. Geschieht das nicht, so wird die uns aus der Meditation erwachsende Energie fast unweigerlich dem Ego zugute kommen und lediglich dazu führen, daß man sich im Glanz seiner Spiritualität und Macht sonnt.

Meditation ist nicht Selbstzweck. Unabhängig davon, welche Stufe man bereits erreicht hat, gibt es immer noch weitere, die man erklimmen kann. Meditation ist keine unendliche Reise in dem Sinn, daß man sich immer weiter von seinem Ausgangspunkt wegbewegt, ohne jemals dort anzukommen, wo man sich zu Hause fühlt. Sie läßt sich eher mit einer Reise mit vielen Ankünften vergleichen, auf der man immer wieder in Bereiche neuer Sinnzusammenhänge vorstößt, die uns in Versuchung bringen, sich mit dem Erreichten zufriedenzugeben und nicht weiter zu streben. Erfolge in der Meditationspraxis sind Fallen für Unvorsichtige und für Menschen, die alles ohne fremde Hilfe schaffen wollen.

Einer der wichtigsten Durchbrüche besteht in der Erkenntnis, daß man sich nirgendwo hinbewegt hat und auch kein anderer geworden ist. Betrachtet man es ehrlich, so hat man sich nicht in einen erlauchten Heiligen verwandelt, der in fernen Regionen erhabenen Bewußtseins wandelt. Dies ist übrigens eine Vorstellung, die viele Menschen haben, wenn sie mit der Meditation beginnen. Man entdeckt statt dessen, daß man immer noch genau derselbe ist, und diese Einsicht ist eine wichtige Offenbarung, denn auch, wenn man derselbe geblieben ist, so hat dieses Selbst doch eine Transformation durchgemacht und ist bedeutend machtvoller geworden. Die Transformation ist subtil, da sie nicht äußerlich ist. Wenn sie sich durch äußere Merkmale zeigt, ist Vorsicht geboten. Bestimmte Kleidung oder ein besonderer Gesichtsausdruck, dramatische Veränderungen des Lebensstils, besonders „ganzheitliche" oder „heilige" Gewohnheiten sind kein Zeichen von Erleuchtung. Der echte innere Wandel bedarf keiner äußerlichen Hilfsmittel.

In der Phase, die ich in diesem Kapitel erörtert habe, wird dem Übenden auf eindringliche Weise klar, daß *er* – und nicht irgendeine zukünftige, erleuchtete Version seiner selbst – eine Verantwortung trägt, von der er nicht geglaubt hätte, sie jemals tragen zu können. Er weiß jetzt, daß er dazu fähig ist, aber es fällt ihm immer noch schwer, dies vollständig zu akzeptieren und nicht wieder aufgrund des alten Selbstbildes und seiner vertrauten, weil eingeübten Reaktionen zu agieren. Er sieht sich nun genau so, wie er wirklich ist. Aber was er ist, ist weit mehr als das, was er einmal vor langer Zeit zu sein glaubte.

11
Kontemplation

Dieses Kapitel befaßt sich mit einer fortgeschrittenen Stufe der Meditation. Wenn Ihnen einzelne Abschnitte unverständlich vorkommen, liegt das möglicherweise daran, daß kontemplative Zustände nicht leicht in symbolische Bilder umgesetzt werden können, und daß die theoretische Aufarbeitung wahrscheinlich erst nach jahrelanger Meditation relevant wird.

Fortschritt in der Meditation heißt nicht, daß man nun die Fähigkeit hat, Stunden, wenn nicht gar Jahre reglos dazusitzen. Es ist wichtig, zwischen der Meditationsübung als besonderer, vom übrigen Leben getrennter Aktivität und dem meditativen Zustand an sich zu unterscheiden. Der Zustand beschränkt sich nicht auf die Übungszeit und hängt nicht von Stillsitzen, Schweigen oder der Konzentration auf eine Technik ab. Die Methode ist nur dazu da, den Zustand zu erreichen. Natürlich ist das Üben unumgänglich, und es gibt keine Patentrezepte, mit deren Hilfe man das notwendige Wissen über Meditation und die Fähigkeit, den meditativen Bewußtseinszustand zu erreichen, schnell und mühelos erlangen kann. Wer lernen will, Klavier zu spielen, steht vor einer vergleichbaren Aufgabe: die Fähigkeit, wundervolle Klänge gleichsam aus den Fingerspitzen fließen zu lassen, entsteht erst nach jahrelanger Übung. Es dauert lange, bis die Finger gelernt haben, automatisch zu reagieren, bis man die Notenschrift in allen Feinheiten versteht und ein umfassendes Verständnis für Musik und Musikalität entwickelt hat. Aber schließlich wird das

Spielen des Klaviers zur zweiten Natur werden, vorausgesetzt natürlich, man übt auch weiterhin.

Mit der Meditation verhält es sich nicht anders: Der meditative Zustand wird dem Übenden zur zweiten Natur. Unabhängig davon, was man gerade tut, ob man abwäscht, einen Computer programmiert, streitet, Sex hat – alles ist Meditation und ihre Essenz ist ununterbrochen präsent. Die Aufmerksamkeit ist auf die anstehenden Aufgaben gerichtet, hat aber eine andere Qualität. Das ist das Ziel der vielen Stunden, die man damit zugebracht hat, sich in der Technik zu üben. Vielleicht erreicht man diesen Zustand zunächst nur für einige Momente, aber im Laufe der Zeit wird die Verbindung zwischen leben und meditieren immer enger.

Der Imperativ des Bewußtseins

Früher oder später wird jedem Meditierer bewußt, wie erstrebenswert es ist, das meditative Bewußtsein auf den Alltag zu übertragen. Während der Übung beschränkt sich die bewußte Aktivität auf das Beobachten, ohne die üblichen inneren Störungen. Manchmal ist es möglich, diese Haltung eine Zeitlang in jeder Handlung und jedem Akt des Wahrnehmens zu bewahren. Dann verfängt sich das Bewußtsein aber wieder in der Vielschichtigkeit des Lebens, bis nur noch diese existiert. Man nimmt sich selbst nicht mehr so stark wahr wie die äußeren Dinge. Weil sich das Bewußtsein in diesen Dingen verliert und man sich beispielsweise mit der Zubereitung des Essens identifiziert, sich um die Rentabilität seines Unternehmens sorgt oder von der Flut der Forderungen seiner Kinder überwältigt ist, verschwindet das Ich, das Bewußtsein unserer selbst als Handelnder, wieder.

Wenn man sich dann das nächste Mal zum Meditieren hinsetzt, findet man sich erneut und spürt dabei ein solches Gefühl von Ganzheit, Klarheit und Frieden, daß die Zwischenzeit wie ein einziges bewußtloses Chaos aussieht und man sich fragt, wie man überhaupt so tief fallen und die kostbare und einfache Bewußtheit verlieren konnte. Und so geht es immer weiter: verlieren und finden, verlieren und finden.

Bewußtheit ist eine Aufgabe, die uns rund um die Uhr beschäftigt. Die Aufrechterhaltung der Bewußtseinsebene, die man durch die Meditation erreicht hat, wird im Laufe der Zeit durch den Willen und durch aufrichtiges Bemühen immer leichter. Der Wunsch, das erweiterte Bewußtsein aufrechtzuerhalten, läßt sich als Imperativ des Bewußtseins bezeichnen, denn je mehr man weiß, was Bewußtsein wirklich ist, desto unerwünschter wird das mechanische Handeln und das gewohnheitsmäßige Reagieren ohne ein Bewußtsein seiner selbst.

Wenn der meditative Zustand eine Realität geworden ist; wenn sich Theorie in persönliche Erfahrung verwandelt hat, weiß man um den Unterschied zwischen Meditation und Meditationstechniken. Eine Technik ist ein Leitfaden durch die grob- und feinstofflichen Ebenen des Geistes. Ohne Orientierungshilfe ist man verloren. Wenn man während der Meditationsübung die Technik aufgibt, verliert man sich in Tagträumerei oder schläft tatsächlich ein, oder man widmet sich ganz einem Aspekt des Bewußtseins auf Kosten anderer, einfach nur, weil dieser auf einmal äußerst wichtig zu sein scheint und man das Gefühl hat, er sei von enormer Bedeutung für die Meditation. Mit anderen Worten: Man hat sich mit etwas identifiziert. Das kann auf jeder Ebene geschehen.

Man kann also ohne das Üben der Methode nichts erreichen; hat man aber erst einmal die Meditation an sich kennengelernt, ist es, als offenbare sich ein Teil des Selbst, der zwar schon immer da war, uns aber bisher nicht bewußt gewesen ist. Ständige Bewußtheit ist zwar das Ergebnis unendlich vieler Stunden bewußter Anstrengung innerhalb und außerhalb des Rahmens der formalen Übungen, aber jeder Mensch kann diese Bewußtheit seines eigenen Wesens erlangen. Ob man von ihm weiß oder nicht, ist angesichts der Tatsache, daß es immer vorhanden ist, irrelevant.

Schließlich braucht man nicht einmal mehr still dazusitzen, um von ihm zu wissen; man kann jederzeit zu ihm gelangen, so als ginge man in einen inneren Tempel. Dann sieht das Leben nicht nur anders aus, es ist auch anders. Von diesem inneren Ort aus können Entscheidungen getroffen werden, und man lernt, zu agieren statt zu reagieren. Das bedeutet zwar nicht, daß man die Dinge tatsächlich die ganze Zeit über so wahrnimmt, sondern nur, daß man sie jederzeit so wahrnehmen kann.

Nachdem man diese Bewußtheit seiner selbst mehr oder weniger permanent erlangt hat, wird es möglich – und wichtig –, sie auch in anderen Menschen, anderen Lebensformen, ja sogar in leblosen Objekten zu sehen. Man beginnt, zu erkennen, weshalb Menschen so handeln, wie sie es tun. Moralische Werte nehmen eine neue Bedeutung an, und Mitgefühl und Verständnis entwickeln sich. Wahres Mitgefühl entsteht nicht aus Sentimentalität, sondern aus Klarheit.

Kontemplation

Die Fähigkeit, die Bewußtheit seiner selbst aufrechtzuerhalten, ist die Voraussetzung für Kontemplation. Für die Meditation sind Techniken notwendig; sobald aber die Kontemplation möglich wird, werden diese nicht länger auf dieselbe Weise gebraucht wie bisher. Kontemplation, die mit dem einfachen Schauen verglichen werden kann, kennt verschiedene Stufen. Man kann der Schauende sein; das Schauen kann sich aber auch einfach ereignen. Das Bewußtsein kann an eine persönliche Identität geknüpft sein oder in sich selbst ruhen. In diesem Fall unterscheidet sich die individuelle Identität nicht von der anderer Menschen. Sie ist nicht mehr „meine" Essenz, sondern vielmehr die Essenz in mir.

Durch die Kontemplation hat der Einzelne Kontakt zum Makrokosmos. Die ewige Frage, ob das Göttliche außen oder innen, ob es transzendent oder immanent ist, stellt sich nicht länger, da die Antwort ganz offensichtlich „sowohl als auch" lautet. Allerdings sind „innen" und „außen" nicht mehr das, was sie einst zu sein schienen. Es macht wenig Sinn, zu versuchen, diese Erkenntnis zu beschreiben; klangvolle Begriffe wie „kosmisches Bewußtsein" oder „alles ist Eins" behindern uns nur, denn ohne persönliche Erfahrung bedeuten sie nichts und verhindern diese unter Umständen sogar.

Nachdem die ursächlichen Beweggründe bewußt geworden sind, wird mit der Kontemplation die nächste Stufe beschritten. Bisher bestimmten die persönlichen Bedürfnisse, was man findet und wie man die „Wirklichkeit" sieht. Wenn diese uns nicht länger motivieren und vorantreiben, bleibt man entweder stehen oder muß seinen Willen einsetzen. Um auf dieser Stufe voranzuschreiten, muß man die Fähigkeit entwickeln, alle Dinge – große wie kleine – auf dieselbe Weise anzuschauen und sie als das zu erkennen, was sie wirklich sind, ihre Essenz zu sehen und zu wissen, daß sie Teil einer Einheit sind, die größer ist als die Summe aller individuellen Essenzen.

Früher trieb uns unsere natürliche Grundmotivation an, aber auf dieser Ebene herrscht nun absolute Leere, und man muß den Willen aufbringen, sie zu füllen; man muß den Willen haben, den leeren Raum zwischen dem Bekannten und dem Unbekannten zu durchqueren, und den Willen, kontemplativ auf dieses und jenes zu schauen, auch wenn kein persönliches Bedürfnis mehr existiert, dies zu tun. Kontemplation ist die Fähigkeit, aus innerer Ausgeglichenheit heraus ohne Begrenzungen und ohne die Einschränkung durch Begriffe einfach nur zu schauen.

Die Vorbereitung der Psyche

Ohne Meditation ist Kontemplation nicht möglich (außer für einige kurze Augenblicke), weil man ohne sie nicht über die notwendige innere Struktur verfügt, mit der man das kontemplative Schauen aufrechterhalten kann, das ja allgemein und einheitlich ist. Strenggenommen heißt Meditation, durch Übung die Einsicht zu entwickeln, daß es immer noch mehr gibt. Man lernt durch sie allmählich bisher unbekannte Gebiete der Psyche kennen und schafft sich eine innere Struktur, damit überwältigende Erfahrungen keine schädlichen Auswirkungen haben. Ohne eine psychische Struktur, die solche Erfahrungen auf sinnvolle Art integrieren kann, geht häufig das persönliche Gleichgewicht verloren, und man verstrickt sich in Illusionen, Größenwahn oder religiösem Fanatismus. Manchmal ist es aber auch die Angst vor dem, was aus jener Dimension auf uns zukommen könnte, die die Pforten zu einer höheren Wahrnehmung fest verschlossen hält.

Eine unvorbereitete Psyche erkennt man unter anderem daran, daß die größere Wahrnehmungsfähigkeit noch eine starke emotionale Komponente hat. Im Laufe langjähriger regelmäßiger Meditation tauchen naturgemäß immer wieder Erfahrungen auf, die uns unendlich wichtig vorkommen, wenn sie gesondert betrachtet oder „zufällig" ausgelöst werden. In der Meditation treten fast alle Formen tiefer menschlicher Erfahrung auf, aber erst dann, wenn der Meditierende damit umgehen kann. Durch die Anforderungen der Methode und der Sicherheit, die sie bietet, kann im Laufe der Zeit auf der Basis sich allmählich erweiternder Erfahrungen eine konzeptuelle und emotionale Struktur errichtet werden, so daß die stärker werdenden Energien, machtvolle Einsichten und Veränderungen der Perspektive oder Werte ruhig aufgenommen und integriert werden können. Man schätzt sie, macht aber nicht viel Aufhebens davon.

Bestimmte esoterische Schulen sprechen von Wächtern, die an den Pforten zur „höheren Erkenntnis" postiert sind und verhindern sollen, daß Uneingeweihte und Menschen, die es nicht wert sind, hindurchgehen und von dieser Dimension regelrecht „erschlagen werden". Das ist durchaus eine treffende Beschreibung. Der Wächter ist jener Teil der Persönlichkeit, der die individuelle Integrität – im Sinne eines funktionierenden, psychischen Wesens – wahrt. Wenn die Stabilität dieses Selbst bedroht ist, kommt instinktiv Furcht oder Ableh-

Meine Insel der Stille

nung auf: Der Wächter tut seine Pflicht. Dennoch muß man auch an ihm vorbeikommen können. Niemandem, der über „die richtigen Papiere" verfügt, kann der Zutritt verweigert werden. Anders gesagt: Jeder Mensch, dessen psychische Struktur radikale Änderungen der Perspektive ertragen kann, die das Selbstgefühl unweigerlich beeinflussen, kann durch die Pforte schreiten. Solche Menschen fürchten die Wächter nicht.

Jenseits der Bewußtseinsschwelle

Die Meditation ermöglicht es, Gott zu erkennen – und zwar in der Form, die individuell am bedeutungsvollsten ist. Begriffe wie der Stern, die Leere oder Kommunion gehören nicht in das Gebiet der Theologie, sondern repräsentieren unmittelbare Erkenntnis. Aber auch jetzt ist die Reise noch nicht zu Ende. Sie führt über die Schwelle des Bewußtseins hinaus, über alle Formen individueller Identität und alles, was uns eigen ist. Die Reise ist ebenso unendlich wie die göttliche Kreativität, die die gesamte Existenz kontinuierlich aufrechterhält.

Der Reisende, der mit Hilfe der Meditation den Punkt erreicht hat, an dem er die drei Gesichter des Göttlichen in der Schöpfung erblicken konnte, muß weiterschreiten und erkennen, daß alle drei eine Einheit bilden. Für diese Stufe gibt es keine adäquaten Beschreibungen mehr; das Verlassen des Bootes ist ihr Symbol. Praktisch bedeutet dieser Schritt, die vertrauten Techniken der Meditation aufzugeben und sich den Feinheiten der Kontemplation hinzugeben. Man wird an diesem Punkt merken, daß man der Meditation verhaftet ist, und die Neigung verspüren, sich auch weiterhin auf die Methode zu stützen, die sich bisher so vorzüglich eignete und uns Sicherheit und Sinn gab. Dennoch gibt es im Unbekannten keine Methode mehr, außer dem Trick der Kontemplation, der uns gezeigt hat, wie man auf das schaut, was ist, oder einfach nur schaut. Wenn man einmal weiß, was dieses Schauen ist, braucht man keine Methode mehr – es geschieht unmittelbar und wie von selbst. Das Ziel der Methode ist also lediglich, uns an den Ort zu bringen, an dem Kontemplation möglich ist.

Kontemplation ähnelt dem totalen Annehmen eines eigenartigen Nichts, für das man alles – auch die persönliche Identität – zurücklassen muß. Sie kann auch wie das Annehmen des Unendlichen oder Ewigen sein, dessen grenzenlose Kraft in einem undurchdringlichen Dunkel verborgen ist. Angst ist das letzte Hindernis, das überwunden werden muß, um wirklich alles anzunehmen. Am Ende müssen wir all unsere Götter und alles, was für uns von Bedeutung ist, aufgeben. Eine größere Nacktheit ist nicht denkbar. Manchmal wird dieser Zustand „in das Selbst hineinsterben" genannt.

Der Übergang von der Meditation zur Kontemplation erfordert Nüchternheit und Vertrauen. Die Kraft, die diesen Übergang bewirkt, ist der Wille, da alle persönlichen Beweggründe keinerlei Bedeutung mehr haben, da es nicht mehr um die persönliche Erfüllung geht.

Es lassen sich in der entsprechenden Literatur viele Berichte über diese Phase finden. Meistens wird sie mit Bildern des Dunkels und der Leere in Verbindung gebracht, da man – einem Grundinstinkt des Wesens folgend – eine unbekannte Dimension betritt, die man auf gewöhnliche Art nicht erkennen kann. Sie wird auch deshalb dunkel genannt, weil es hier weder Referenzpunkte noch Wegweiser gibt, denen man folgen könnte.

Man öffnet sich einem Bereich, der jenseits der Bewußt-seinsschwelle liegt. Die Instrumente unseres normalen Bewußtseins können weder definieren, noch einordnen oder klassifizieren, was uns hier begegnet, und wir kön-nen es auch nicht „mit zurück nehmen" und dem Repertoire unseres Verstandes hinzufügen. Man kann es lediglich erkennen; die Erkenntnis wird auf ihre eigene Weise wirken. Wenn das ganze Wesen von dieser Erkenntnis erfüllt ist, findet der Sprung statt, der Kontemplation ist. Das Bild eines Sprungs ins Dunkle ist uns allen bekannt. Jeder kann sich vorstellen, was es bedeuten würde, von einer Felsenklippe ins Dunkle zu springen. Man muß sehr viel Vertrauen in das kreative Potential des Sprungs setzen, in die Quelle der eigenen Kraft und in die Unum-gänglichkeit des Sprungs, um dazu fähig zu sein. Das einzige, womit man den Selbsterhaltungstrieb ausschal-ten und die große Furcht überwinden kann, ist der Wil-le, den wir im Laufe der Meditation geschult haben. Er ist das einzige, was uns diesen inneren Sprung in das Dun-kel der Kontemplation als Grundlage für unser Leben ermöglicht.

Ich habe Meditation mit einem Boot verglichen, das das geeignete Fahrzeug ist, ohne das man dieses Gebiet nicht durchqueren kann. Materielle Schiffe durchqueren normalerweise die Weiten des Meeres oder des Weltrau-mes. In der Meditation durchqueren wir den Ozean des Seins; wir beginnen bei der Vielschichtigkeit der Erfah-rungen und gelangen schließlich zur reinen Kontempla-tion der Quelle. Das Sinnbild eines „Sprungs" aus dem Boot ist sehr treffend und entspricht der tatsächlichen Erfahrung. Es beschreibt die Qualität des Erkennens und das Loslassen, das an diesem Punkt notwendig ist.

Darüber hinaus hat dieses Sinnbild aber noch einen subtileren Aspekt, der hilfreich sein kann. Männer und Frauen gehen unterschiedlich mit der inneren Reise um. Die Schritte und Phasen sind zwar ähnlich, die Meditationsmethoden funktionieren für beide gleichermaßen, und die Erkenntnisse gehören der gleichen Ordnung an, aber es existiert eine männliche und eine weibliche Art, mit Erfahrungen umzugehen.

In der tiefen Erfahrung, das loszulassen, was man am längsten festgehalten hat, nämlich die eigene Identität, zeigt sich ein grundlegender Unterschied zwischen Männern und Frauen. Für Männer ist die Phase, in der sie das Boot verlassen, mit einem Sprung, einem Akt des Willens vergleichbar, mit dem sie sich in die Leere stürzen und ihre letzte Sicherheit aufgeben. Frauen entdecken in dieser Phase eher, daß das Boot sowieso keine Sicherheit bietet und deshalb nicht mehr benötigt wird. Sie können sich immer noch daran festhalten, da sie niemand zwingen kann, den Sprung zu wagen, bevor sie sich selbst dafür entschieden haben. Aber wenn eine Frau sich im Dunkeln heimisch fühlt, hat sie bereits alle Furcht überwunden. Die Dunkelheit der Erfahrung, der sich ein Mensch öffnet, wenn er seine Selbstbezogenheit aufgibt, enthält reine Macht. Frauen verkörpern Macht, Männer üben sie aus.

Macht und Kreativität

Die schöpferische Macht braucht ein Medium, damit sie sich manifestieren kann. Wenn sich ein Mensch durch das kontemplative Schauen dieser Macht bewußt wird, verpflichtet ihn das, sie auch zu nutzen. Jede Handlung im Leben sollte kreativ sein und keine bloße Reaktion. Das ist aber nur dann möglich, wenn jeder Handlung ein gewisses Maß an Bewußtheit innewohnt. Jeder Tag besteht aus einer Aneinanderreihung von Handlungen. Es kommt nicht darauf an, was ein Mensch denkt oder fühlt; was zählt, sind seine Taten, die Einfluß auf andere Menschen haben. Die Muster unseres Lebens sind eine Folge unserer Handlungen, und unsere Taten bedingen, was geschieht und was geschehen wird.

Es mag ja sein, daß man seine Katze sehr liebt, aber wenn man ihr jedesmal, wenn man wütend ist, einen Tritt versetzt, wird sie diese Liebe dann auch wahrnehmen können? Es ist schon möglich, daß wir uns wirklich Frieden für die Welt wünschen und deshalb sehr oft darüber reden, aber wenn wir jedesmal, wenn es bei uns zu Hause Ärger gibt oder wenn wir meinen, unsere persönlichen „Rechte" würden verletzt, zu kämpfen anfangen, was haben wir dann getan, um Frieden in unserer unmittelbaren Umgebung zu stiften?

Bewußtes Handeln braucht keine besonderen Umstände. Es macht kein großes Aufheben um sich, noch wird der kreativ Handelnde dadurch zu einem quasi göttlichen Wesen. Die kreative Macht existiert im Dunkel und in der Stille. Auch wenn sie sich manifestiert, behält sie diese Eigenschaften. Wahre Macht offenbart sich in der Handlung, zieht aber nicht notwendigerweise Aufmerksamkeit auf sich. Nach außen mag ein solches Leben nicht anders aussehen als das gut integrierte Leben eines Menschen von Format, der mutig und klar handelt und der – wenn nötig – beträchtliche Kraftreserven mobilisieren kann.

Kreativität braucht keine Erklärungen, sie spricht für sich selbst. Sie existiert um ihrer selbst willen und verfolgt ihre eigenen Ziele; sie dient nicht dem Ruhm desjenigen, der ihr als Kanal dient. Dennoch sind die Menschen, durch die sie fließt, keine passiven Instrumente dieser höheren Macht, sie sind weder von ihr getrennt, noch können sie sich ihrer Verantwortung für das Wirken dieser Macht entziehen. Menschen sind bewußte Wesen, und Bewußtsein bringt Verantwortung mit sich, wie ich bereits ausführlich erörtert habe. Der individuelle Mensch verfügt über kreative Macht und verkörpert sie. Der Gedanke einer kollektiven Verantwortung ist meist nur eine Entschuldigung, denn schließlich kann nur der Wille des Einzelnen etwas verwirklichen. Es ist unsere Aufgabe, unser Leben bewußt und kreativ zu gestalten und so der Welt zu dienen; durch dieses Dienen drückt sich die göttliche Kreativität aus. Viele traditionelle Lehren sprechen von den zahllosen Namen Gottes und den vielfältigen Aspekten der Göttlichkeit. Einer der Namen für die Gottheit, für die Quelle, aus der alles entspringt, ist Kreativität. Dieser Name steht für den Aspekt der sich manifestierenden Macht, die sich in einer materiellen Welt nur durch ein physisches Instrument verwirklichen kann.

Menschen sind Schöpfer, denn sie besitzen ein kreatives Bewußtsein. Tiere sind zwar auch bewußt, erschaffen aber nichts auf bewußte Weise. Nur Menschen verfügen über dieses Potential, ob sie sich dessen nun bewußt sind oder nicht. Jeder Mensch erschafft sein eigenes Leben, und zwar bis ins kleinste Detail. Es ist schwierig, mit dieser Erkenntnis umzugehen; es ist natürlich leichter, den äußeren Umständen, der Gesellschaft, den Fehlern anderer oder dem Schicksal die Schuld zuzuschieben, ganz besonders dann, wenn uns etwas aus heiterem Himmel geschieht, ohne daß wir etwas getan haben, das es verursacht haben könnte.

Meine Insel der Stille

Kausalität ist sehr komplex, und ihre Logik ist nicht immer erkennbar. Es gibt viele Ebenen der Kausalität, die im Unbewußten und in Sinnzusammenhängen wirken, deren einzelne Faktoren sich zum besseren Verständnis nicht isolieren lassen. Ursachen mögen lange zurückliegen oder ihre Bedeutung erst in der Zukunft gewinnen. Außerdem neigen viele Menschen in dieser Beziehung zum Aberglauben. Werden sie von einem unerwarteten Schicksalsschlag getroffen, fragen sie sich: „Womit habe ich das verdient? Wofür werde ich bestraft?"

Im übergeordneten Sinnzusammenhang des persönlichen Lebens hat jedes Unglück seine Bedeutung, aber die ist nicht so leicht zu erkennen wie eine böse Tat und die ihr gebührende Strafe. Entscheidend ist, wie man sich einem Unglück gegenüber verhält, denn das legt den Samen für die Zukunft.

Die Menschen sind die einzigen Lebewesen auf der Erde, die sich ihres Bewußtseins bewußt sind. Uns ist es vorbehalten, uns der Quelle der kreativen Macht bewußt zu sein, die den Auswirkungen unserer Entscheidungen und Handlungen zugrunde liegt. Wir können dem Leiden ein Ende setzen, indem wir anerkennen, daß wir diese Macht haben und Verantwortung für sie übernehmen.

Entscheidungskraft

Wir Menschen wurden mit einer erstaunlichen Macht geboren, die wir nicht ungenutzt lassen können. Wir besitzen die Macht, Entscheidungen zu treffen. Selbst ein Baby hat sie von Geburt an. Es kann sich entscheiden, ob es weinen will und wie laut. Die Wahlmöglichkeiten

mögen für ein Kind zwar begrenzt sein, aber seine Entscheidungen beeinflussen durchaus seine Umwelt – wie
alle Eltern wissen. Die Macht eines Kindes, sein Leben
und damit die Menschen seiner Umgebung zu beeinflussen, ist erstaunlich groß.

Es lohnt sich, diese primäre Entscheidungskraft näher
zu betrachten, da sie auf einfache Art und Weise das Prinzip erläutert, das auch dann noch auf dieselbe Weise
funktioniert, wenn das Leben bedeutend komplizierter
geworden ist. Ein Baby ist kein Roboter, dem von unbeeinflußbaren Faktoren automatische Reaktionen wie
Tränen aufgezwungen werden.

Hat ein Baby zum Beispiel Hunger, kann es auf verschiedene Art und Weise reagieren. Es kann aufwachen
und schreien; es kann aufwachen und weinen; es kann
aufwachen und Geräusche machen, die sein Unbehagen
zeigen; es kann aufwachen und den Hunger ignorieren,
weil es Vertrauen hat oder etwas in seiner Außen- oder
Innenwelt interessanter findet. Es hängt zunächst einmal ganz vom Baby selbst ab, wie es mit der Situation
umgehen will. (Das instinktive Weinen eines Babys, mit
dem es Aufmerksamkeit erlangen möchte, ist auch ein
grundlegender Überlebenstrieb, der immer dann einsetzt, wenn ein Bedürfnis über längere Zeit unbefriedigt
bleibt.) Die meisten Erwachsenen erkennen nicht, daß
ein Baby über eine ganze Reihe von Wahlmöglichkeiten
verfügt, weil sie davon ausgehen, daß das Baby nichts für
seine Reaktionen kann, was vielleicht auch daran liegt,
daß sie das auch von sich selbst glauben. Aber bewußte
Wesen haben immer eine Wahl, und Babys sind bewußt.

Von den angeführten Handlungen ist Schreien am
wenigsten anstrengend und erfordert das geringste
Bewußtsein. Es ist eine direkte Reaktion, die kein Nach-

denken verlangt und die besten Resultate verspricht. Zwar wird das gewünschte Resultat wahrscheinlich schneller eintreten, aber diese Reaktion sorgt zugleich für eine müde, nervöse, schlechtgelaunte Nahrungsquelle; eine möglicherweise nicht ausreichende Nahrungsmenge; eine schlechtere Verdauung; weniger Zeit, um glücklich mit der Umgebung zu interagieren; weniger Zeit, sich der Umgebung bewußt zu sein und so weiter – eine eskalierende Folge von Konsequenzen. Andere mögliche Entscheidungen ziehen andere Folgen nach sich. Die erste Entscheidung des Babys und die entsprechenden Reaktionen der Mutter werden die nachfolgenden Entscheidungen des Babys bedingen, was nicht heißt, daß ihm dadurch die Macht genommen wurde, sich frei zu entscheiden.

Je mehr man die individuelle Entscheidungskraft anerkennt und respektiert, desto größer sind die Möglichkeiten, die sich daraus für das Bewußtsein ergeben. Jede Entscheidung, jede Reaktion und jedes Gefühl, für das wir selbst die Verantwortung übernehmen – statt sie Mächten zuzuschreiben, über die wir keine Kontrolle haben –, führt uns zurück zur kreativen Quelle in uns. Handlungen, die bewußt von dieser Quelle ausgeführt werden, ziehen völlig andere Konsequenzen nach sich als unbewußt ausgeführte Handlungen. Es ist unmöglich, sein Leben nicht selbst zu erschaffen; man kann sich aber dafür entscheiden, dies auf kreative Weise zu tun.

Ende und Anfang

Nun, da wir nicht mehr vom Boot abhängig sind und eine Willensanstrengung unternommen haben, die den bisher größten Mut erforderte, stellt sich die Frage, wo wir uns eigentlich befinden, nachdem wir uns dem Unbekannten so vollkommen anvertraut haben. Wir sind nicht nur wieder an unserem Ausgangspunkt angelangt, sondern wissen jetzt auch, daß der Glaube, wir hätten ihn jemals verlassen, eine Illusion war. Der Alltag ist immer noch der Alltag, die Pflicht ruft immer noch, Irritationen sind ebensowenig verschwunden wie die kleinen Freuden. Aber wir identifizieren uns nicht mehr damit, und unser Wohlbefinden und Selbstwertgefühl hängen nicht mehr davon ab. Wir haben nun den Schlüssel, den wir immer gesucht haben, aber daraus ergeben sich auch neue Verpflichtungen.

Kontemplation ist jederzeit und überall möglich. Wir haben das Boot der Meditation nicht endgültig aufgegeben, es ist immer noch verfügbar und nützlich. Verlieren wir vorübergehend die Perspektive aus den Augen, sehnen wir uns nach innerem Frieden, wollen wir die uns zur Verfügung stehende Energie steigern, dann suchen wir nach dem stillen Ort der Meditation in uns, um von dort aus handeln zu können, und können durch Meditation die Voraussetzungen für die Kontemplation wiederherstellen.

Die Reise ist ein Kreis, oder besser gesagt, eine Spirale. Es gibt eine Weiterentwicklung, wenn man sich ihr lange genug hingibt, aber man kommt nirgendwo anders hin. Das alte Gleichnis, demzufolge man erst den Berggipfel ersteigen muß, um anschließend wieder ins Tal zurückzukehren, besagt dasselbe. Auf dem Gipfel zu bleiben hilft weder uns selbst – außer, wenn man neue Kraft schöpfen möchte – noch anderen Menschen und auch nicht dem Schöpfer, dessen Manifestation die Schöpfung ist.

Andererseits ist die Reise aber auch keine Illusion. Man hat das Gefühl, sich auf eine Reise zu begeben, wenn man anfängt, Selbstdisziplin zu entwickeln und sein Leben neu zu organisieren und ständig neue Perspektiven und Sinnzusammenhänge entdeckt. Manchmal glaubt man, sich sehr weit von dem Punkt entfernt zu haben, an dem man die Reise begonnen hat. Immerhin haben sich die eigenen Werte und die Sicht der Welt grundlegend gewandelt; auch Lebensstil, Vorlieben und Beziehungen haben sich geändert. Es gibt Zeiten, in denen man sich sehr allein fühlt. Es liegt im Wesen der Entwicklung des Menschen, daß es viel Leiden gibt, aber auch, wie ein großer Meditierer sagte, daß das Leiden ein Ende hat.

Wenn man entdeckt, daß man sich innerlich zwar verändert hat und das alte Selbst gestorben ist, man sich aber dennoch äußerst lebendig fühlt, immer noch Teil der einem vertrauten Welt ist, immer noch Freunde hat, immer noch sein Geld verdienen und für seine Familie sorgen muß, ist dies der Beginn wahrer Freude.

Diese Freude ist sehr stabil. Sie kann uns nicht mehr genommen werden, da sie nicht von äußeren Faktoren abhängig ist. Sie ist kein Gefühl, das man um seiner selbst willen sucht und das man verliert, wenn ein paar Wolken die Sonne verhüllen. Die Sonne, der schöpferische Bewahrer des Lebens, scheint jetzt im Inneren. Erkenntnis der Freude bringt Erkenntnis des Leids mit sich, aber dieses Leid hat nichts mehr mit der zwanghaften Beschäftigung mit dem persönlichem Leiden zu tun. Aus

dieser Erkenntnis erwächst wahres Verständnis und Mitgefühl. Eine Schwäche des Sinnbilds der Reise besteht darin,
daß man glaubt, es ginge um einen linearen Fortschritt.
Die verschiedenen Phasen der Meditation lassen sich
zwar deutlich voneinander unterscheiden und bauen
auch langfristig gesehen aufeinander auf, aber sie treten
nicht „ordentlich" eine nach der anderen in Erscheinung. In jeder Phase gibt es Hinweise auf andere und
Erfahrungen von unterschiedlicher Tiefe. Die großen
Herausforderungen treten ausnahmslos unter Umständen zutage, die von außen betrachtet nicht besonders
spektakulär sind, in denen aber eine erhebliche bewußte
Anstrengung nötig ist, um sich den entsprechenden
Prinzipien gemäß zu verhalten. Bei jeder dieser Gelegen-
heiten ist ein Sprung möglich. Man springt ja nicht nur
einmal, sondern viele Male, und jedesmal braucht man
Willen, Mut und bewußte Entscheidung. In einer bestimmten Phase wird der Sprung das gesamte Bewußtsein grundlegend verändern, aber diese Phase erreicht
man erst, wenn man mit dem Prinzip vertraut ist.
Die Entwicklung des Bewußtseins läßt sich nicht mit
dem Erklimmen einer Leiter vergleichen, bei dem man
immer nur von der Stufe aus handeln kann, auf der man
sich gerade befindet. Die zeitlose Dimension ist in jedem
Moment zugegen. Zu verschiedenen Zeiten erfährt man
unterschiedliche Aspekte der Totalität, auch wenn man
diese Erkenntnis meistens nicht lange aufrechterhalten
kann. Man kann seine Energie und seinen Willen nicht
für die großen Herausforderungen aufsparen, indem
man die scheinbar kleinen ignoriert. Stärke wächst
durch ihren Gebrauch. Jeder Moment der Mutlosigkeit
und des Sich-gehen-lassens wirft uns ein wenig zurück,

Meine Insel der Stille

und jede mutige, bewußt ausgeführte Handlung stärkt die Grundlagen des Bewußtseins und erleichtert die kommenden Handlungen.

Kreativität ist kein Stromkreis, der erst an einem bestimmten Punkt angeschaltet wird. Sie ist von Anfang an vorhanden und verfügbar. Sie begleitet das Wachstum des Bewußtseins und ist immer so reich und wahr, wie unsere bewußten Handlungen es ihr erlauben. Der innere Tempel ist immer da; man schult lediglich seine Fähigkeit, sich dessen auch bewußt zu sein.

Die Pforten des Lebens und des Todes

Meditation führt zu Erkenntnissen über das Leben – und über den Tod. Der Begriff „in das Selbst hineinsterben" ist keine Metapher. Wenn das Haften an allen Dingen, die zuvor unsere Identität ausmachten und uns Sinn gaben, hinter uns liegt und an dessen Stelle die Erkenntnis der Unendlichkeit, Ewigkeit und der Wandlungen des eigenen Wesen getreten ist, birgt der Tod für uns keinen Schrecken mehr, denn er ist weder das Ende, noch ist er uns ein Unbekannter. Durch Meditation erkennt und erfährt man das Wesen des Todes. Er ist weder das Ende noch der Anfang – das sind zeitliche Konzepte. Statt dessen wird erkannt, daß der Tod Teil des Lebens ist, und in diesem Erkennen bleibt kein Platz für Angst.

Es gibt keine bessere Vorbereitung auf den Tod des Körpers als Meditation. Manche Schulen betonen diesen Aspekt besonders. Die verschiedenen Totenbücher sind sowohl Anleitung zur Meditation als auch Vorbereitung aufs Sterben. Die Erfahrungen, von denen Menschen berichten, die klinisch tot waren, enthalten bekannte

Aspekte für Menschen, die meditieren. Oft ist nämlich von tiefem Frieden die Rede, von Weite, Licht oder Lichtfiguren, und oftmals auch vom Widerstand dagegen, das Bewußtsein all dessen wieder zu verlieren und in die Beschränkungen des Körpers zurückzukehren. Die, die dennoch zurückkommen, tun dies meist, weil sie das Gefühl haben, es sei noch nicht an der Zeit, die körperliche Ebene zu verlassen. Es gibt aber auch andere Erfahrungen, denn manche Menschen erfahren eine Wirklichkeit, die unter dem Namen Hölle bekannt ist.

Keine dieser Beschreibungen *ist* die Wirklichkeit, sie spiegeln vielmehr den Zustand des Individuums beim Sterben wider und das, was der Sterbende über das Leben weiß. Daher wird in bestimmten Schulen ein so großes Gewicht auf die Vorbereitung auf den Tod gelegt. Bewußtsein kann die scheinbaren Grenzen zwischen dem Zustand des Lebens und dem des Todes überwinden. Es ist möglich, voller Bewußtsein vor den Pforten des Lebens und des Todes zu stehen und diese wie jedes andere Objekt der Kontemplation zu betrachten.

Die Pforten des Lebens und des Todes befinden sich in jedem Menschen. Wir können nicht verhindern, daß wir eines Tages vor ihnen stehen, aber mit bewußter Achtsamkeit kann dieses Wissen die Grundlage für das Leben sein, nicht sein Ende. Wir treffen in jedem Moment unseres Lebens Entscheidungen, die den Zeitpunkt und die Art unseres Todes bestimmen. Je mehr wir uns dieser Macht bewußt sind, desto wichtiger wird jede Handlung, die das Bewußtsein erweitert, statt es einzuengen.

12
Einheit

Evolution und Bewußtsein

Meditation ist so alt wie die Menschheit selbst. Bereits in den ältesten uns bekannten Zivilisationen finden sich Hinweise auf die innere Reise. Die Erfahrungen dieser Reise werden in den Legenden und Geschichten fast aller Mythologien beschrieben. Auch Artefakte aus dieser Zeit zeugen von der universellen Beschäftigung mit der heiligen Dimension des Lebens und dessen Ausdruck in symbolischer Form. Skulpturen, Zeichnungen, Ritualgegenstände und stumme Zeugen wie die Steinkreise sprechen über die Jahrtausende hinweg eine Sprache, die heute so gültig ist wie sie es damals war, auch wenn nur wenige Menschen sie verstehen. Durch Meditation kann man sich die Sprache heiliger Symbole wieder aneignen.

Die Evolution der Menschheit ist vor allem auch die Evolution des Bewußtseins, die aber keine Spuren hinterlassen hat – außer der Welt als Ganzem. Wenn wir das heutige Bewußtsein, das das Wissen um subatomare Teilchen, Genmanipulation, atomare Prozesse in den Sternen und die Strukturen der Galaxien beinhaltet, mit dem Bewußtsein vergleichen, das gerade damit begonnen hatte, Zeichen in Steine zu ritzen, das Rad zu verwenden oder die Weiten des Universums anhand der Bewegungen von kleinen Lichtpunkten am Himmel zu studieren, so liegt der Unterschied nicht so sehr in der vorhandenen Informationsmenge als in der enorm erweiterten Fähigkeit, der Welt Informationen zu entlocken.

Das Wissen, über das wir heute verfügen, unterscheidet sich von dem, das den Menschen vor viertausend Jahren zur Verfügung stand, vor allem durch das hohe Maß an Abstraktion, auf dem es beruht. Unser gegenwärtiges Verständnis vom Wesen der Schöpfung erfordert eine umfassendere Weltsicht. Unser Bewußtsein beruht auf dem, was wir als Wirklichkeit erkennen können. Da die alltägliche Wirklichkeit der heutigen Zeit bedeutend komplizierter geworden ist, hat unser Bewußtsein zumindest in dieser Hinsicht eine breitere Grundlage erhalten. Das Wesen des Bewußtseins ist einfach, wie ich bereits beschrieben habe, und je mehr Komplexität wir wahrnehmen können, desto tiefer wird die Einsicht, daß ihr eine große Einfachheit zugrundeliegt. Das Prinzip der Einfachheit ist ökonomischer Natur, und wenn man bestimmte Lebensbereiche vereinfacht, eröffnen sich dadurch auch in anderen Bereichen neue Möglichkeiten.

Es ist beispielsweise ökonomischer, eine Entfernung von 400 Kilometern mit dem Auto statt zu Fuß oder mit einem Ochsenkarren zurückzulegen. Wer die Strecke fliegt, geht sogar noch sparsamer mit den menschlichen Ressourcen um. Aber es ist noch weitaus ökonomischer, über diese Entfernung mit jemandem zu kommunizieren, indem man das Telefon benützt und dort bleibt, wo man gerade ist. Die Zeit und Energie, die dabei freigesetzt wird, läßt sich für unzählige andere Dinge verwenden. Es ist nicht möglich, Raumsonden zu bauen, wenn die Fähigkeiten, die man braucht, um sie zu entwerfen, noch nicht ausgebildet sind. Die heutige Technologie ist ein Ausdruck zunehmender Vereinfachung und des immer ökonomischer werdenden Umgangs mit unseren Ressourcen; durch sie haben sich unsere Möglichkeiten enorm erweitert.

Meine Insel der Stille

Die heutige Wirklichkeit gehört einer ganz anderen Ordnung an als die der Vergangenheit, was vor allem anzeigt, daß sich das allgemeine Bewußtseinsniveau verändert hat. Setzt man Bewußtsein jedoch mit erhabenen Zuständen, die das Alltägliche transzendieren und nichts mehr mit ihm zu tun haben, oder mit mystischen Erfahrungen gleich, so scheint das heutige Bewußtseinsniveau nicht besonders hoch zu sein, sondern – verglichen mit dem Goldenen Zeitalter der Legende – eher niedriger. Aber die große Mehrheit der Menschen ist – damals wie heute – überwiegend mit materiellen Dingen beschäftigt, mit ihrem persönlichen Vorteil, mit dem Wunsch nach Anerkennung und Status und mit dem Kampf gegen diejenigen, die die gleichen Dinge auf eine andere Weise anstreben. Nur einige wenige Menschen haben seit jeher eine größere Wirklichkeit gesucht und gefunden. Dafür mußten sie ihre psychischen Muster untersuchen und ihre Achtsamkeit und Wahrnehmungsfähigkeit durch Selbstdisziplin schulen.

Jeder Mensch beginnt seine Suche auf der Basis des allgemeinen Bewußtseinsniveaus seiner Zeit, aber das individuelle Wachstum des Bewußtseins hängt nicht davon ab. Krieg, Konflikt, Gier und Korruption sind kein Maßstab für das jeweilige Bewußtseinsniveau, und eine primitive Gesellschaft, in der diese negativen Elemente kaum vorhanden zu sein scheinen, verfügt nicht zwangsläufig auch über ein höheres Bewußtsein.

Es ist eine Frage der Dimension. Unsere globale Kultur ist weit umfassender, als es je eine Kultur in der Menschheitsgeschichte war. Die negativen Elemente treten zwar offener zutage, haben größere Auswirkungen und sind daher anscheinend gefährlicher, aber zugleich sind auch unsere kreativen Möglichkeiten viel größer. Der Prozeß der Evolution ist ohnehin unumkehrbar. Wenn man beide Enden des Spektrums betrachtet, das Beste und das Schlimmste, so hat sich das allgemeine Gleichgewicht wahrscheinlich nicht sehr verändert, aber die Dimension hat sich enorm vergrößert, was zeigt, daß das durchschnittliche allgemeine Bewußtseinsniveau höher geworden ist.

Meditation ist heute wie damals eines der wichtigsten Hilfsmittel in der Evolution des Bewußtseins. Der Drang, zu meditieren, ist zum Teil in Fragen wie den folgenden verwurzelt: „Was bedeutet das Leben eines Menschen, wenn er sich ebenso wie eine Eintagsfliege nur fortpflanzt und dann aufgeht im großen Rad der Spezies?" „Wohin rollt dieses Rad?" „Unterscheidet sich das menschliche Leben wirklich nicht von dem einer Koralle, und hat es keine größere Bestimmung als ihres?"

Unsere instinktive und kategorische Antwort darauf lautet: Die Existenz des individuellen Bewußtseins an sich ist bereits die Verneinung dieser Fragen. Eintagsfliegen und Korallen haben weder ein Bewußtsein ihrer selbst, noch werden sie von dem Instinkt getrieben, wissen zu wollen, warum sie so leben, wie sie leben, oder welche Aufgabe ihre Gattung in einem übergeordneten Zusammenhang haben mag. Menschen, die mit der Meditation beginnen, tun dies aufgrund eines Triebes, der im Wesen unserer Gattung verankert ist und der uns drängt, das eigene Potential besser zu nutzen. Dies führt unweigerlich zu einer Erweiterung des Kollektivbewußtseins der Gattung und der ganzen Welt.

Nur Individuen können dies tun. Einer der wichtigsten Gründe für die Meditation ist der, daß eine Erweiterung des individuellen Bewußtseins auch das der Welt erweitert. Dem Kollektivbewußtsein auf dem Planeten

Erde wird durch die Handlungen jedes einzelnen Menschen etwas hinzugefügt. Allerdings läßt sich Bewußtseinserweiterung nicht mit der Stimmabgabe bei einer Wahl vergleichen oder mit dem Hinzufügen des berühmten Tropfens zum Ozean. Die hier wirkenden Kräfte funktionieren nach anderen Prinzipien, da Bewußtsein weder aus Molekülen noch aus individuellen Einheiten besteht, die man addieren kann, bis man eine Gesamtsumme hat. Bewußtsein ist eine Einheit, in der jeder Aspekt alle anderen beeinflußt. Es ist eine gewaltige Macht, die nicht meßbare Veränderungen initiiert.

Die Einheit des Bewußtseins und die Wirkung des Individuums auf die Totalität wird oft mißverstanden. Das zeigt sich beispielsweise in der Aussage, in der Meditationsübung werde das Bewußtsein der Welt erweitert. Das erweiterte Bewußtsein entsteht aber nicht in den Perioden formellen Meditierens, sondern durch die Integrität der dazwischenliegenden Zeiten; durch die Art und Weise, in der ein Mensch mit den Krisen des alltäglichen Lebens umgeht. Darauf bereitet die Meditation vor, auf diese Weise erweitert sie das Bewußtsein.

Die Gemeinschaft der Meditierenden

Meditation muß von einer übergeordneten Perspektive aus betrachtet werden. Sie existiert seit Anbeginn der Menschheit und wird dies auch weiterhin tun. Jeder Mensch, der sie zu einem Teil seines Lebens macht, wird aufgenommen in die Gemeinschaft all derer, die meditieren und meditiert haben.

Das trifft auf alle menschlichen Aktivitäten zu. Ein moderner Kaufmann wird mit ähnlichen Problemen konfrontiert und muß fast die gleichen Entscheidungen treffen wie sein Vorgänger vor 3000 Jahren in Ägypten. Die Details unterscheiden sich natürlich, aber die Prinzipien der Kapitalbeschaffung, des Geldflusses, der Gewinnspanne, der Kauf- und Verkaufsentscheidungen gehören seit jeher zum Wesen des Handels.

Auch Krieger oder Soldaten haben es in jedem Zeitalter mit ähnlichen Situationen zu tun und müssen sich mit den gleichen Umständen auseinandersetzen: mit Langeweile und Gefahr, mit der Erregung während des Kampfes und der Begegnung mit dem Tod, mit den sterbenden Mitstreitern und der Kameradschaft. Die Waffen sind jeweils andere, aber die psychologischen Grundfaktoren, die emotionalen Werte und das moralische Dilemma, mit dem jeder einzelne Soldat konfrontiert wird, macht ihn zum Teil einer Gemeinschaft, die die Zeit transzendiert und bis in die fernste Vergangenheit zurückreicht.

Jeder Bauer muß sich mit den besonderen Bedingungen der Landschaft und des Klimas auseinandersetzen; jeder Viehzüchter und Hirte kennt die Furcht vor Seuchen und die ewigen Futterprobleme. Gebärende Frauen wissen, daß sie Mitglied einer uralten und ewigen Schwesternschaft sind, der all die zahllosen Frauen angehören, die durch das gleiche Fegefeuer von Schmerz und Freude gegangen sind.

Je stärker die Gefühle beteiligt sind, desto wichtiger wird es, zu erkennen, daß man Teil einer zeitübergreifenden Gemeinschaft ist und Kraft aus dieser Quelle schöpfen kann. Für den Soldaten wird die Geschichte seines Regiments lebendig gehalten, weil sie ihn ständig daran erinnert, daß er Teil eines größeren Ganzen ist. Gleichzeitig dient sie als Gegenmittel gegen seine eigene Überheblichkeit und als Quelle von Stolz und Stärke. Viele Soldaten haben in Augenblicken großer Gefahr einen Mut in sich entdeckt, von dem sie nicht wußten, daß sie ihn besaßen. Sie haben diesen Mut nicht bewiesen, weil ihr eigenes Leben in Gefahr war, sondern um ihrem Regiment zu dienen, oder – was noch abstrakter ist – weil sie einfach stolz darauf waren, Soldaten zu sein. Frauen können in ihrer Mutterrolle in schwierigen Zeiten gleichermaßen aus dieser kollektiven Kraftquelle schöpfen. Jede Mutter, die am Bett ihres kranken Kindes gesessen hat, weiß, daß unendlich viele andere Mütter das gleiche empfunden haben wie sie, und in den dunklen, stillen Stunden der Nacht kann dieses Wissen ein Eigenleben annehmen, so daß ihnen aus der gewaltigen Schwesternschaft ein Gefühl der Kraft oder Größe zuströmt. Auch die Gemeinschaft der Meditierer ist eine machtvolle Wirklichkeit. Der Meditierende ist nicht nur bewußt Teil seiner jeweiligen Tradition, sondern auch Mitglied in der Gemeinschaft aller Meditierer, die noch größer und machtvoller ist als jede individuelle Schule, da sie direkt mit der Essenz der Meditation verbunden ist. Dieses Buch ist aus dem Inneren dieser Gemeinschaft heraus geschrieben worden und möchte sie stärken.

Perspektiven

Die Welt braucht Meditierer ebenso wie Kaufleute, Lehrer, Soldaten, Mütter oder Väter. Alle diese Rollen können der Menschheit dienen. Ob sie das auch tun, hängt völlig davon ab, wie die Beteiligten ihre Rolle spielen. Sie können natürlich nur an sich selbst denken und soviel wie möglich an sich raffen, aber sie können auch anderen dienen und die Traditionen alter, ehrenvoller Berufe aufrechterhalten. Sogar die Müllabfuhr und die Straßenreinigung kann man auf diese drei Arten betrachten. Die Arbeit muß getan werden; es handelt sich um alte und ehrenvolle Berufe; und wenn der Betreffende dies erkennt, verleiht er sich selbst dadurch Würde. Viel Leid entsteht aus der Tyrannei der Auffassung, man müsse nur an sich selbst denken. Durch sie macht man sich selbst zum Sklaven und führt ein Sklavendasein.

Auch die Meditation beruht auf diesen drei Auffassungen, allerdings sind diese nicht so sehr eine Frage der persönlichen Einstellung, als vielmehr Bestandteil eines natürlichen Prozesses. Sie stellen Wachstumsschritte im Verständnis der Meditation dar und weisen auf den Fokus der jeweiligen Phase hin. Der Meditierer entwickelt sich in drei Phasen, die man wie folgt zusammenfassen kann:

1. Meditation für sich selbst,
2. Meditation für die Welt / für andere / für die ganze Menschheit / aus Tradition,
3. Meditation um der Meditation willen.

Wir alle beginnen mit der ersten Phase. Auch wenn andere Menschen eine gewisse Rolle spielen, so geht es doch zunächst hauptsächlich um die persönliche Schulung des Meditierenden. Nur durch die Entwicklung der eigenen Fähigkeiten und Möglichkeiten können die beiden anderen Phasen überhaupt wirksam werden. Anfangs ist es angebracht, für und an sich selbst zu arbeiten und persönlichen Nutzen daraus zu ziehen. Betrachtet man dies jedoch als Endziel oder werden die folgenden

Phasen aus anderen Gründen nicht entwickelt, so schränkt man sich selbst ein. Die erste Phase ist jedoch die Voraussetzung für die Entwicklung der beiden anderen.

Ich habe mich in diesem Buch vor allem mit der ersten Phase der Meditation auseinandergesetzt. Das Sinnbild der Reise beschreibt das persönliche Wachstum und die Art und Weise, wie Meditation das Individuum beeinflußt.

In der zweiten Phase hat sich der Fokus vom individuellen Interesse hin zu einem größeren Ziel verschoben. Wenn die Macht der Meditation bis zu einem gewissen Grad verwirklicht worden ist und einen festen Bestandteil des Lebens bildet, tritt diese Phase ganz von selbst ein. Sie baut auf den Fundamenten der ersten auf und betrachtet Meditation als Dienst am Nächsten.

Ein deutliche Veränderung ist dann eingetreten, wenn der „Hunger" wegfällt, der uns ursprünglich dazu getrieben hat, zu meditieren, und es keinen persönlichen Grund mehr gibt, weiterzumachen. Es gibt zwar noch Gründe, weiterhin zu meditieren, aber diese sind nicht mehr persönlicher Natur. Man sieht die Meditation beispielsweise als eine Art, der Welt oder anderen Menschen zu dienen, indem man sie lehrt; man drückt seine Dankbarkeit der Methode oder der Schule gegenüber aus, indem man die Verantwortung auf sich nimmt, anderen Menschen auf ihrem Weg zu helfen. Man fühlt sich verpflichtet, die Lehre weiterzugeben, was aber nicht bedeutet, daß jeder Meditierer die Techniken unterrichten müßte. Aber man möchte seine „Schuld" auf die eine oder andere Art begleichen.

Das Prinzip, daß die eigene Bewußtseinserweiterung das Bewußtsein in der ganzen Welt erweitern wird, steht im Zusammenhang mit der zweiten Phase. Auch dies wird als eine Art Verpflichtung betrachtet.

Manche Traditionen lehren Methoden, die den Üben-den anhalten sollen, zum Wohle der ganzen Menschheit zu meditieren. Solange die Meditation allerdings noch in der ersten Phase ist und der Fokus auf der Schulung des Individuums liegt, dienen diese Methoden lediglich da-zu, das Herz des Meditierenden nach außen hin offen zu halten, und nicht dazu, tatsächlich etwas für die Welt zu tun. Die Vorstellung, „für die Menschheit zu meditie-ren", führt leicht zu sentimentalen und romantischen Ideen und kann ein Ersatz für mangelnde Selbstdisziplin sein. Man kann für andere nichts tun, wenn man es nicht einmal für sich selbst tun kann. Immerhin bereitet die Absicht, für die ganze Menschheit zu meditieren, die Verschiebung des Fokus vor.

Ein zurückgezogenes oder asketisches Leben wird oft damit gerechtfertigt, daß man zum Wohle der Mensch-heit meditiere. In diesem Buch habe ich immer wieder betont, daß Meditation von äußeren Umständen unab-hängig und Teil des alltäglichen Lebens ist und es nicht notwendig ist, ideale Bedingungen anzustreben oder zu schaffen, vor allem dann nicht, wenn man es tut, um der Welt zu entfliehen. Damit wollte ich der Vorstellung ent-gegenwirken, besondere, auf die Meditationspraxis zuge-schnittene Umstände seien besser als die gewöhnlichen. Natürlich sind Zentren des kontemplativen Lebens, in denen Männer und Frauen sich dem Gebet und der Me-ditation widmen, wichtig und erfüllen eine bestimmte Funktion in der Welt. Sie wirken wie Leuchttürme, die Licht in das Dunkel bringen, und erzeugen eine bewuß-te Energie innerhalb der Gemeinschaft der Menschen. Der Leitgedanke des Dienens ist fest in der Ethik kontemplativer Orden verankert. Die drei Phasen der Meditation lassen sich ohne weiteres auch im religiösen Leben aufzeigen, da der Einzelne an sich persönlich arbeitet und sich zum Ruhme Gottes bewußt dem Dienst an der Menschheit weiht.

Wo Bewußtsein ist, ist Macht, und Macht wirkt sich immer aus. Dennoch sind diese Auswirkungen nicht immer sichtbar oder meßbar, und es wird niemals möglich sein, alle Folgen einer Handlung vorauszusehen – schon gar nicht in einer dermaßen umfassenden und vielschichtigen Wirklichkeit wie der menschlichen. Man sollte daher besonders vorsichtig sein, wenn man nur meditiert, um etwas ganz Bestimmtes in der Welt zu bewirken. Von einer höheren Warte aus betrachtet kann sich das, was gut für die Welt ist, und das, was der Einzelne dafür hält, sehr stark unterscheiden. Darüber hinaus kann der Wunsch, der Welt etwas Gutes zu tun, der Entwicklung der dritten Phase der Meditation im Wege stehen.

Denn es ist ja noch eine weitere Wandlung möglich, und zwar hin zur Meditation um ihrer selbst willen. In dieser Phase geht man über eine bestimmte Lehre hinaus und arbeitet daran, den meditativen Zustand zu fördern. Jetzt wird das Wissen um das Wesen der Meditation weitergegeben.

Es ist wichtig, sich immer wieder den Unterschied zwischen den Techniken und dem Wesen der Meditation zu verdeutlichen. Die Essenz der Meditation wandelt sich ebensowenig wie das Prinzip ihrer Funktionsweise. Aber Zeiten, Menschen und Kulturen ändern sich. Die Meditationssysteme, die Methoden und Techniken, die theoretischen Grundlagen und die Mythen müssen von Zeit zu Zeit neu formuliert werden, um den Veränderungen in der Welt gerecht zu werden. Alle klassischen Meditationstexte spiegeln die Bedürfnisse der damaligen Menschen im Rahmen ihrer kulturellen Bedingungen wider. Aber obwohl wir sie heute als Klassiker betrachten, waren auch sie bereits Neuformulierungen von Menschen, die den Prozeß verstanden hatten und ihn in die Worte ihrer Kultur kleideten. Sie sind aber auch deshalb Klassiker, weil sie ihre Zeit bis zu einem gewissen Grad transzendieren und die in ihnen enthaltenen Einsichten über die Meditation auch heute noch lesenswert sind. Andere Bücher mögen zwar „interessant" sein, aber Texte, die eine lange Zeit überdauert haben und immer noch hilfreich sind, spiegeln nicht nur bestimmte Traditionen wider, sondern werfen auch Licht auf die Meditation allgemein. Bevor eine Methode neu formuliert oder weiterentwickelt werden kann, muß aber zunächst einmal die Essenz der Meditation verstanden werden.

Einsicht in die Essenz der Meditation erhält man nicht nur durch das präzise Verständnis eines Systems und das Anerkennen seines Wertes, sondern auch durch das Erkennen seiner Begrenzungen. Neuformulierungen geschehen dann, wenn sich die Zeiten geändert haben und eine neue Form der Lehre und der Vermittlung notwendig geworden ist. So erhielt der Buddhismus ein neues Gewand, als er von Indien über China nach Japan gebracht wurde. Da die neue Kultur eine völlig neue Form erforderte, entstand der Zen-Buddhismus, der den Fokus von der Theorie auf die direkte Erfahrung verlagerte, unter anderem durch die Praxis des Koan (eine paradoxe Aussage oder Frage). Es ist nicht bekannt, wie dieser Wandel im Einzelnen vor sich gegangen ist, aber die Kultur, die die Kaste der Samurai hervorbrachte, schuf auch diese Meditationsmethode.

Ein lebendiges System wie Meditation hat kontinuierlich Neuformulierungen erfahren und wird das auch weiterhin tun, gerade in der heutigen Zeit, in der sich die Bedürfnisse so radikal verändert haben. Immerhin hat sich eine neue globale Kultur entwickelt, die nicht nur auf neuen materiellen, sondern auch auf veränderten geistigen Grundlagen beruht. Die nationalen Kulturen existieren zwar noch ebenso wie die traditionellen Meditationsmethoden, und vielen Menschen reicht das völlig aus. Aber über die Grenzen dieser Kulturen hinweg entsteht gegenwärtig eine neue, in der die traditionellen moralischen Werte und Überzeugungen durch den rapiden Wandel ihre Gültigkeit verloren haben. Immer mehr Menschen leben in dieser neuen Kultur und fühlen sich ihr zugehörig. Das Entstehen einer Weltkultur führt nicht nur zu neuen Perspektiven, sondern auch zu ganz neuen Bedürfnissen.

Die Parameter dieser Weltkultur definieren sich durch die Möglichkeiten der Telekommunikation; ihre Grenze ist der Weltraum, und ihre Macht liegt in der Anwendung atomarer, biogenetischer und computergesteuerter Technologien. Aber die Geburt dieser weltumspannenden Kultur geht einher mit einer Zersplitterung, die immer dann erfolgt, wenn eine größere und fortgeschrittenere Gesellschaftsform einer kleineren begegnet und sie ablöst. Das führt zum Zusammenbruch der traditionellen moralischen und religiösen Werte, zu Desorientierung, Maßlosigkeit und Widerstand gegen den unaufhaltsamen Fortschritt kaum begreifbarer Prozesse, wodurch natürlich Zukunftsängste geweckt werden. Wenn althergebrachte Werte und Verhaltensweisen ihre Bedeutung verlieren und überholt sind, scheint die Zukunft ungewisser, unvorhersehbarer und fremdartiger als je zuvor zu werden. Der Übergang ist solange schmerzhaft, bis neue soziale, moralische und religiöse Werte formuliert worden sind und die alten ersetzen, oder bis sie – wie in unserer gegenwärtigen Situation – zunächst einmal kreiert werden können, um der neuen Kultur Halt und den Menschen eine stabile psychologische Grundlage zu geben.

Die Schaffung solcher Werte ist eine Sache des Bewußtseins, denn die veränderte Situation und die sich wandelnde Welt muß zunächst einmal im Bewußtsein der Menschen verankert werden. Es ist daher unerläßlich – besonders in Krisenzeiten –, ständig am Bewußtsein zu arbeiten. Krisen erzwingen das Wachstum des Bewußtseins. Die Neuformulierung der Meditation in Übereinstimmung mit den Bedürfnissen der Zeit wird sicher stattfinden, da dies eine Reaktion auf den im Wesen des Homo sapiens verankerten Imperativ ist, sein Bewußtsein weiterzuentwickeln. Das Bewußtsein – das, was unsere Gattung zu dem macht, was sie ist – entwickelt sich dadurch weiter, daß es sich den jeweiligen Bedürfnissen entsprechend umgestaltet.

In der heutigen Zeit herrscht viel Verwirrung über das Wesen der Meditation, die vor allem einer fehlenden Perspektive zuzuschreiben ist. Auf dem Markt werden unter dem Begriff „Meditation" riesige Mengen an Techniken angeboten, die von der Beseitigung von Magenbeschwerden bis hin zu Verheißungen kosmischen Bewußtseins reichen.

Die drei geschilderten Phasen der Meditation sind Teil einer Einheit und müssen in all ihrer Unterschiedlichkeit anerkannt werden. Andernfalls wird die Meditation entwertet und zu einer billigen Massenware, oder aber zu einem Luxus für elitäre Minderheiten. Wer aus persönlichem Interesse meditiert – gleich aus welchen Gründen –, öffnet sich all ihren Möglichkeiten, solange er in seinem Bewußtsein auch nur die leiseste Ahnung von ihrer Auswirkung auf die Welt hat. Dann steht ihm die Tür offen, wenn er weitergehen und alle drei Phasen der Meditation realisieren möchte.

Meditation und die Zukunft

Der Drang des Menschen, die menschliche Gattung zu erhalten – auf diesem Planeten und jedem anderen, den wir erreichen können –, trägt den Imperativ des wachsenden Bewußtseins in sich, denn menschliches Leben ist bewußtes Leben. Andere Lebewesen pflanzen sich solange fort, bis sie von den Grenzen ihrer Umwelt oder ihren natürlichen Feinden daran gehindert werden. Was aber, wenn dem Bewußtsein mit seinen Fähigkeiten und seinem Anpassungsvermögen ein unendlich großer Lebensraum mit unbegrenzten Ressourcen zur Verfügung stünde (verglichen mit dem, was wir hier auf der kleinen Erde kennen), so daß sich die Bevölkerungszahl niemals stabilisieren muß, um in einer begrenzten Umwelt überleben zu können, und es zudem keine natürlichen Feinde gibt? Wo werden wir enden? Wie weit können wir – in jeder Hinsicht – gehen, und zu welchem Zweck?

Es ist sinnvoll, diese Fragen zu stellen, aber nicht, um endgültige Antworten zu erhalten, sondern weil Fragen den sich immer weiter ausdehnenden Aspekt des Bewußtseins verkörpern. Fragen erzeugen weitere Fragen und führen der Suche nach bewußtem Wissen kontinuierlich Energie zu. Sobald eine Antwort für endgültig gehalten wird, hört dieser Prozeß auf.

Der durchschnittliche Mensch des Altertums, des Mittelalters und selbst des 19. Jahrhunderts konnte in die Zukunft blicken und davon ausgehen, daß sie große Ähnlichkeit mit der Gegenwart aufweisen würde. Das ist heute nicht mehr der Fall. Der kumulative Effekt des immer schneller werdenden Wandels macht die Zukunft unvorhersehbar, und denjenigen, die ihre Vorstellungen von der Zukunft aus den negativen Erscheinungen der gegenwärtigen Übergangsphase ableiten, wird sie mit Sicherheit schrecklich erscheinen.

Aber beinahe alle Prognosen lassen den wichtigsten Faktor außer acht, nämlich die Rolle des Bewußtseins. Wenn man die menschliche Natur mit ihren negativen Manifestationen gleichsetzt, zeugt das lediglich von mangelndem Mut und einer falschen Perspektive, denn wer die Macht des Bewußtseins unterschätzt, ist schlicht und einfach unwissend.

Da es das Wesen des Bewußtseins ist, kreativ zu sein, kann es vollkommen neue und unvorhersehbare Entwicklungen herbeiführen. Die Samen der unmittelbaren Zukunft sind zwar heute schon vorhanden, es ist aber unmöglich, selbst kurzfristig sicher vorherzusagen, wie sie sich entwickeln werden. Die allgemeine Richtung aber scheint offensichtlich zu sein, da sie sich von einer zunehmenden Machtfülle und der damit einhergehenden Technologie ableitet. Jede Macht ist gefährlich, aber auch kreativ, und jede ihrer Manifestationen entspringt der menschlichen Natur.

Bestimmten Weltanschauungen zufolge sind lediglich Felsen und Erde, Bäume und Büsche, Insekten und Tiere, Meer und Himmel „natürlich". Wenn man dieser Logik folgt, befinden Menschen sich nur dann im Einklang mit der Natur, wenn sie in enger Verbundenheit mit diesen

Dingen leben und nur einfachste Gegenstände nutzen. Aus einer anderen Sicht betrachtet sind wir aber Schöpfer. Es entspricht unserer Natur, neue und effizientere Handlungsweisen und Materialien zu entwickeln, und die menschliche Natur ist genauso „natürlich" wie die der Tiere. Ein Plastikbecher ist im Prinzip nicht unnatürlicher als ein Tonkrug, ein Computer nicht unnatürlicher als ein Abakus, ein Atomkraftwerk nicht unnatürlicher als die Sonne, von der alles Leben auf Erden abhängt.

Unabhängig davon, wie die Menschen in 3000 Jahren leben werden, wird es unsere Zukunft sein, die von uns erschaffen wurde, und nicht das Ergebnis irgendwelcher außerirdischer Zuchtversuche, zu dem wir keinen Bezug herstellen können und in dem es kaum noch „menschliche" Werte geben wird. Die meisten Zukunftsängste entstammen einer eingeschränkten Sicht von dem, was den Menschen und seine Werte ausmacht. Diese beruhen auf dem, was sinnvoll ist, und Sinn entsteht aus der Erfahrung tiefer menschlicher Bedürfnisse, die über das körperliche Überleben hinausgehen.

Die Rolle der Meditation ist entscheidend, weil sie der Welt, in der wir leben und leben werden, einen Sinn gibt. Wenn in 3000 Jahren noch Menschen leben, werden sie sich im Detail und in ihrer Vielschichtigkeit radikal von allem unterscheiden, was wir uns heute vorstellen können. Zwei Dinge werden jedoch in ihrer Essenz gleichbleiben: die menschliche Natur und das Bewußtsein. Wir können uns heute unserer Natur ebenso bewußt werden wie in der Zukunft, und die dazwischenliegenden Äonen werden wie Nichts sein. Aus der Einfachheit dieser Erkenntnis heraus können wir Komplexität wirklich verstehen, ihre Bedeutung erkennen und kreativ und verantwortungsbewußt mit ihr umgehen.

Wenn wir uns in jener fernen Zukunft in die Weiten des Weltraums hinausgewagt haben und nicht mehr die Erde, sondern die Galaxis als unser psychologisches Zentrum sehen, werden wir das nicht nur der Entwicklung der Technologie zu verdanken haben, sondern unserer Fähigkeit, allem, was uns begegnet, eine Bedeutung zu verleihen und damit umzugehen. Falls wir entdecken sollten, daß wir unsere galaktische Heimat mit anderen Wesen teilen, werden uns Unterschiede in ihrer Umwelt, Anatomie und Psychologie nicht daran hindern, mit ihnen zu kommunizieren, sofern auch sie bewußte Wesen sind. Denn auf dieser Ebene werden wir einander gleich sein; wir werden unsere Unterschiede überwinden, da sie wie wir fähig sein werden, die gleiche Wirklichkeit zu erkennen. Sie mögen andere Götter haben und sie auf eine Weise beschreiben, die ihrer Natur entspricht, aber der innere Tempel wird der gleiche sein. Und wir, als Mitglieder des Homo sapiens, werden ihn nun nicht mehr nur als menschlichen Tempel anerkennen, sondern als galaktischen und letztlich als wahrhaft universellen Tempel, basierend auf Bewußtsein und jedem bewußten Wesen im Universum zugänglich.

Auch in jener fernen Zukunft wird es Meditation geben. Die Meditierer werden, wie wir heute, teilhaben an unserem gemeinsamen Unterfangen und die gleiche Essenz kennen, jedoch in einer noch größeren Einheit. Meditation ist Vorbereitung auf die Zukunft. Die Evolution der Menschheit und das Überleben des menschlichen Bewußtseins ist nicht davon abhängig, daß wir uns in eine Gattung von Übermenschen verwandeln oder daß jeder irgendwie „erleuchtet" wird, damit es keine Kriege, keinen Kampf und keine Konflikte mehr gibt. Unser Überleben und unsere Evolution hängen vielmehr davon ab, wie wir mit den Erfordernissen und der Vielschichtigkeit der alltäglichen Wirklichkeit umgehen, ganz gleich, wie sehr sich diese von der vergangenen unterscheiden mag; ganz gleich, ob wir auf diesem Planeten oder im Weltraum leben werden; und ganz gleich, mit welchen Geräten unser Erfindergeist uns noch ausstatten wird.

Die unendliche Vielfalt und die eine Essenz des Bewußtseins gehören einer Einheit an, die sich in allem, was in diesem Universum und in anderen, die wir noch nicht kennen, existiert, manifestiert.

Die gesamte Schöpfung ist eingebettet in diese Einheit.

Literaturempfehlungen

Nachstehend finden Sie eine Liste der wichtigsten Texte der klassischen Meditationsliteratur und anderer Werke, die aufgrund ihrer Einsichten in die Erfahrung meditativer Zustände oder Phasen der Bewußtseinserweiterung von Bedeutung sind. Manche sind beschreibender Natur, andere beinhalten symbolische oder allegorische Schilderungen, Analysen oder Aphorismen. Viele Werke sind in unterschiedlichen Übersetzungen erhältlich; lediglich bei besonders empfehlenswerten Ausgaben habe ich Verlag und Erscheinungsjahr aufgeführt. Manche Texte werden von Kommentaren unterbrochen, die sie erläutern sollen. Diese Kommentare sollte man am besten ignorieren, denn kaum etwas zerstört die Macht eines Originals mehr als wohlmeinende Erläuterungen.

Abulafia, Abraham: Schriften über kabbalistische Meditation
Attar, Farid Ud-Din: *Vogelgespräche*. Ansata, Interlaken, 1988
Avalon, Arthur (Sir John Woodroffe*): Die Schlangenkraft*. O.W. Barth, München, 1994
Bhagavad Gita
The Book of Jubilee. Cranswick Press, London, 1984
Buddhistische Sutras und Suttas: Viele befassen sich unmittelbar mit Meditation
The Cloud of Unknowing
Coipus Dionysiacum. 2 Bände, de Gruyter, Berlin 1991
Evans Wentz, W.Y.: *Das Tibetanische Totenbuch*
Herrigel, Eugen: *Zen und die Kunst des Bogenschießens*. O.W. Barth, München, 1993
Hilton, Walter: *The Ladder (Scale) of Perfection*
Ibn al-Arabi: *Werke*

I Ging
Johannes vom Kreuz: *Sämtliche Werke.* 5 Bände, Kösel, München, 1990–1993
Kaplan, A.: *Sefer Jezirah.* Edition Gaja, Berlin 1995
Kempis, Thomas à: *De Imitatio Christi*
Lao Tse: *Tao Te King*
MacGregor, Mathers: *The Kabbalah Unveiled.* Routledge and Kegan Paul
Meister Eckhart: *Schriften*
Patanjali: *Sutras*
Purohit, S. und Yeats, W. B.: *Ten Principal Upanishads,* Faber
Philokalia
Strong, Mary: *Letters of the Scattered Brotherhood.* James Clarke and Co., Cambridge
Suzuki, D. T.: Autor vieler ausgezeichneter Texte über den Zen-Buddhismus
Visuddhi Magga (Der Weg der Läuterung): eine detaillierte Erläuterung des Theravada-Buddhismus
Vivekachudamani (Das höchste Juwel der Weisheit)
The Way of the Pilgrim
Wilhelm, Richard: *Das Geheimnis der Goldenen Blume.* Diederichs, München, 1994
Wood, Ernest: *Yoga*

Visionen für das neue Jahrtausend

Lesen kann nie Meditation ersetzen, aber es kann Pforten in Welten öffnen, die dem Geist bisher verschlossen waren und die dann in der Meditation erforscht werden können.

Lucy Oliver behauptet, Meditation sei sinnlos, wenn sie nicht in das tägliche Leben integriert wird – eine These, die auch von Aikidomeister *George Leonard* vertreten wird. Er zeigt in seinem neunten Buch **Der längere Atem. Die Meisterung des Alltäglichen**, wie jede Handlung zu Meditation werden kann und wie das Leben durch bewußte Aufmerksamkeit einen neuen, tieferen Sinn bekommt und eine ungeahnte Schönheit annimmt.

Michael Murphy, der Begründer des einflußreichen Esalen-Instituts hat 15 Jahre gebraucht, um ein Buch fertigzustellen, das außergewöhnliche Fähigkeiten von Menschen beschreibt: **Der QuantenMensch. Ein Blick in die Entfaltung des menschlichen Potentials im 21. Jahrhundert.** In ihm führt er anhand von unzähligen Beispielen aus Religion, Wissenschaft, Kunst, Sport und Psychologie aus, daß die Möglichkeiten des Menschen tatsächlich unbegrenzt sind und Beschränkungen zum großen Teil die Folge einer eingeschränkten

Wahrnehmung sind. Charles Tart nannte **Der QuantenMensch** „das wichtigste Buch über die Beziehung von Körper und Geist, das je geschrieben wurde".

Folgt man Lucy Oliver, so ist die Entwicklung des Bewußtseins das spannendste Abenteuer, das je im Universum stattgefunden hat. Dieser Meinung ist auch der englische Physiker und Philosoph *Peter Russell*, der mit **Im Zeitstrudel. Die atemberaubende Erforschung unserer Zukunftschancen** ein Werk vorgelegt hat, das unser Verständnis von der Rolle des Bewußtseins und dem Platz der Menschheit im Kosmos revolutioniert.

Peter Russell geht auf die Entwicklung des Universums vom Urknall bis zur Entwicklung des Bewußtseins und unserem heutigen Dilemma ein und prognostiziert, daß sich die Welt innerhalb der nächsten Jahrzehnte stärker verändern wird als während der gesamten bisherigen Menschheitsgeschichte.

Diese drei Bücher lesen sich spannend wie Abenteuerromane und laden die Leser zu einer Reise in unbekannte innere und äußere Welten ein. Wir wünschen Ihnen dabei viel Freude. Unser Gesamtverzeichnis erhalten Sie von Integral, D-82405 Wessobrunn.

Die Bibliothek «Millennium»